青春文庫

1秒で目からウロコ　大人の雑学

話題の達人倶楽部［編］

青春出版社

はじめに

ハマるとクセになる食材の一つ、「パクチー」。ある輸入食品店では、パクチーと冠《かん》されたドレッシング、カレー、ポテトチップスなどが売られ、大人気となった。タイ料理のブームから火がつき、その香りに魅了された人が増えていったわけだが、パクチーの原産国は、実はタイではない。では、いったいどこからきた食材なのか？

一方、六〇歳に達したことを祝う儀礼に「還暦《かんれき》」があり、以降、七〇歳は「古希《こき》」、七七歳は「喜寿《きじゅ》」、八〇歳は「傘寿《さんじゅ》」、八八歳は「米寿《べいじゅ》」、九〇歳は「卒寿《そつじゅ》」、百歳は「百寿《ひゃくじゅ》（または紀寿《きじゅ》）」と呼ぶが、では、もしも一二〇歳を迎えたなら、何といってお祝いされるのだろうか？　実は、一二〇歳にもお祝いの名称がちゃんとあるのである。

ここでは二つの例を挙《あ》げるにとどめるが、本書では二一九の雑学を取り上げている。ジャンルは多岐《たき》にわたるが、話題はいたって身近なものばかりで、大人だけでなく子どもに伝えても興味を持ってもらえるよう、わかりやすく紹介することを心がけた。

読むだけで、1秒で目からウロコ！　ビジネスの場や家庭、酒の席など、雑談のネタとして、本書の種々雑多な知識が役立つことうけあいである。

1秒で目からウロコ 大人の雑学●目 次

2章　えっ、そうだったのか！　初耳の雑学

3章　もう会話が途切れない！　イザというときの雑学　107

4章　常識が吹っ飛ぶ！　驚きの雑学

目　次

5章 知ってるようで知らない！ 意外な雑学 193

7章 世界が広がる！ 知られざる雑学 275

8章 誰もがうなる！ 納得の雑学 317

9章 なぜ？ どうして？ 子どもに教えたい雑学　353

本文デザイン・DTP■ハッシィ

1章

日本人の9割が知らない!

目からウロコの雑学

六〇歳のお祝いは「還暦」、では一二〇歳は？

厚生労働省の「簡易生命表（令和二年）」によると、男性の平均寿命は八一・六四歳なのだが、女性の平均寿命はなんと八七・七四歳というから驚きだ。つまり、日本人の女性は九〇年近くの人生があるというわけである。ちなみに、昭和二五（一九五〇）年の平均寿命は、男性が五九・五七歳、女性が六二・九七歳というから、隔世の感がある。

さて、日本の「長寿の祝い」は、六〇歳の「還暦《かんれき》」「華甲《かこう》」をはじめ、「古希《こき》」（七〇歳）、「喜寿《きじゅ》」（七七歳）、「傘寿《さんじゅ》」（八〇歳）、「米寿《べいじゅ》」（八八歳）、「卒寿《そつじゅ》」（九〇歳）、「白寿《はくじゅ》」（九九歳）、「百寿《ひゃくじゅ》」「紀寿《きじゅ》」（一〇〇歳）と続くが、では、一〇〇歳以上は何というのだろうか？

実は、一〇八歳は「茶寿《ちゃじゅ》」「不枠《ふわく》」、一一一歳は「皇寿《こうじゅ》」「川寿《せんじゅ》」といい、一二〇歳は「大還暦《だいかんれき》」「昔寿《せきじゅ》」という。

一二〇歳は還暦（六〇歳）の二倍だから「大還暦」と称するのだろうが、何ともおもしろい発想の言葉である。

令和四（二〇二二）年四月末現在、日本人の最高齢は巽《たつみ》フサさんという大阪府柏原市の女性で、一一五歳。フサさんが生まれたのはなんと明治四〇（一九〇七）年。つまり、フサさんは日露《にちろ》戦争が勃発《ぼっぱつ》した三年後に誕生したことになるのだ。

明治、大正、昭和、平成、令和の五つの時代を生きてきたフサさん。現在は寝たきりだが、時々「ごはんまだでっか？」とスタッフに問いかけるのだとか。

なお、フサさんは日本人の最高齢であると同時に、アジア最高齢の記録も持っている。

また、フサさんは世界で五番目の長寿というからすごい。

日本人男性の最高齢は、奈良市に住む上田幹藏《みきぞう》さんで、一一一歳。上田さんは明治四三（一九一〇）年五月一一日生まれで、映画監督の黒澤明や絵本作家のレオ・レオニと同じ年に誕生したことになる。歌を歌ったり、リハビリしたりして過ごし、食事も完食することが多いそうだ。

なお、ワシントン大学のマイケル・ピアース氏らの研究によると、人間の寿命には限界がなく、今世紀中には一三〇歳に達するだろうとのことである。

「失恋」の反対語って、いったい何？

恋が成就《じょうじゅ》しないこと、恋する気持ちが相手に通じなかったり拒絶されたりすることを「失恋《しつれん》」と呼ぶが、実はこの言葉にも意味が反対の言葉（対義語）がある。

それは、「得恋《とくれん》」である。

意味は、もちろん失恋の逆で、「恋愛が成就すること」「恋が叶《かな》うこと」を指しているのだ。「失う」の反対の言葉は「得る」だから、よくよく考えてみれば言葉の成り立ちに納得できるが、普段ほとんど使うことがないところが興味深い。

得恋のように、わたしたちが普通あまり耳にしない、あるいは馴染《なじ》みの薄い対義語は、まだまだある。

暦《こよみ》と、地球や月の運行のズレを合わせるためにつくられた、四年に一度の周期で訪れる年を「閏年《うるうどし》」というが、その対義語は何であろうか？

答えは、「平年《へいねん》」である。

これは、よく考えてみればわかる言葉かもしれないが、では、「優勝」の対義語はいったい何だろうか？

答えは、「劣敗《れっぱい》」だ。

劣敗とは、劣《おと》っているものが競争に敗れることをいい、「優勝劣敗」という言葉で、「優《すぐ》れたものが勝ち、劣ったものが負けること」を指している。

沖縄では「母の日」に、なぜ花ではなくネギを贈るのか？

五月の第二日曜日は、「母の日」である。

現在のような形の「母の日」の由来は、二〇世紀はじめのアメリカにあるとされる。アンナ・ジャーヴィスという女性がフィラデルフィアの教会で、亡くなった母親の命日に白いカーネーションを霊前にたくさん手向《たむ》けたのがそのはじまりであるという。白いカーネーションには「私の愛情は生きている」などの花言葉があるが、アンナのこの行ないは広く人びとの心を打ち、一九一四年のアメリカ議会で五月の第二日曜日を「母の日」とすることが定められた。

この習慣が日本へ伝わったのは大正時代で、昭和に入って三月六日の皇后《こうごう》誕生日が「母の日」となったが、戦後に本家のアメリカにならって五月の第二日曜日が「母の日」となったのであった。

さて、「母の日」にはカーネーションを贈るというのが一般的だが、こと沖縄に限ってはそうではないようだ。

なんと、沖縄の保育園や幼稚園では、「母の日」にネギを贈るというのである。『琉球新報』（二〇一七年五月一三日付）によると、保育園や幼稚園では、園児が牛乳パックを植木鉢風に加工し、お母さんへの感謝の気持ちを込めたメッセージを添えてネギをプレゼントするのだという。

そもそもなぜ「母の日」にネギなのか？

同紙によると、ある保育園の園長は四〇年前からプレゼント用のネギの栽培に取り組んでいたとのことで、別の保育園の職員によれば、ネギは成長も早く、子どもにも育てやすく、自分で育てたということでネギが苦手な子どもでも喜んでネギを食べるようになるのだという。

さらに、牛乳パックを植木鉢代わりにするということはエコの精神を育《はぐく》むことにも繋《つな》がるようで、「母の日」にネギを贈ることが一石三鳥にもなるとのことである。

日本で「母の日」にカーネーションを贈るようになったのは業界の後押しもあってのことであったが、ネギを贈ることを沖縄以外にも広めてみてはいかがだろうか。

リアス海岸の「リアス」って、そもそもどんな意味？

青森県八戸《はちのへ》市から宮城県の牡鹿《おしか》半島までの三陸《さんりく》海岸でよく見ることができるのが、「リアス海岸」である。

近年においてリアス海岸が注目を浴びたのは、平成二三（二〇一一）年三月一一日に起きた東北地方太平洋沖地震にともなう津波によるもので、リアス海岸の特徴である狭い湾内に一挙に大量の海水が押し寄せたことにより、津波が上方向にさらに伸びたことが思い出される。

ただ、その一方で、リアス海岸の入り江の内部は波が穏やかなことから、海苔《のり》、牡蠣《かき》、真珠《しんじゅ》などの養殖場として利用され、特に三陸海岸の牡蠣はブランド化している。よい面も悪い面ももたらすのが自然の道理なのだろう。

リアス海岸の「リアス」という名前の由来は、実はスペイン北西部のガリシア地方にある「リアスバハス海岸」にある。

スペイン語で「入り江」のことをリア（ria）といい、これに由来するという説や、リアの多い地方の名称（Costa de Rias Altas）に由来するという。

日本にあるリアス海岸は、前述の三陸海岸が有名だが、そこ以外にも多くあり、三浦《みうら》半島、房総《ぼうそう》半島、伊豆《いず》半島、志摩《しま》半島、若狭《わかさ》湾などでも見ることができる。

リアス海岸が形成されるには二つの条件がある。

一つ目は、沿岸部が水で削られにくいほど硬い岩石でできていることで、二つ目が、川の流域が狭いことだ。

岩石が軟らかくもろければ、沿岸部は簡単に削られてしまって急な谷とならず、川の流域が広ければ下流域が多くの土砂で埋め立てられてしまう。急峻《きゅうしゅん》な谷を形成するには、このような条件が欠かせないのである。

なお、教科書などにおけるリアス海岸の呼び名は、平成一八（二〇〇六）年以前は「リアス式海岸」と、「式」という文字が入れられていたが、リアス式海岸と呼ぶと、「リアス地方の海岸地形」という意味に取られかねないという理由などから、「式」を取り、リアス海岸と呼ばれるようになっている。

どこまでが「おでこ」で、どこからが「頭」なのだろうか？

ふつう、動物の首から上の部分を「頭」と呼ぶ。国語辞典の『大辞泉《だいじせん》』（小学館）によれば、「動物の体の上端または前端の部分で、脳や目・耳・鼻などの重要な感覚器官のある部分」とあり、「人間では、頭髪の生えた部分。動物では頭頂のあたり」ともある。

では、目や耳などの感覚器官と頭とのあいだにある「おでこ」は、顔と頭のどちらに属するのだろうか？

実は、解剖学的にいうと、両耳の穴から眉毛、そして鼻の付け根部分を結んだ線の上が頭で、それより下は顔と呼ばれるそうだ。

したがって、おでこは顔の一部ではなく、頭に属する部分といえる。

さて、人間の場合はこのような理解でいいとして、では、たとえばイカの場合を考えてみよう。

イカの頭はどこにあるかといえば、足の付け根にある、目のある部分である。

俗に「ミミ」や「エンペラ」と呼ばれている三角帽子のような形をした部分は鰭《ひれ》で、鰭がついているのが胴体（外套膜《がいとうまく》）である。

色が濃く、貝殻（甲《こう》）のあるちょっと硬いほうが背中で、その反対側がお腹《なか》となっている（全国いか加工業協同組合ホームページによる）。

ちなみに、盆栽《ぼんさい》用語で「頭」とは樹冠部《じゅかんぶ》（盆樹《ぼんじゅ》の頭部）のこと。盆栽の世界では、この頭をうまくまとめることができるかどうかでその人の腕を推《お》し量《はか》ることができるといわれる。一般的に、頭が丸いものほど古木感が表現されていてよいそうだ。

『八十日間世界一周』のモデルになったバックパッカーって、誰？

一般的に、低予算で海外を旅する個人旅行者を「バックパッカー」と呼ぶ。

辞典的にいえば、「食糧や寝袋を背負って旅行をする人」（『大辞林《だいじりん》』）ともなるようだが、現代の大方のバックパッカーは食糧や寝袋を持って移動するというよりも、リュックサックを背負って旅する個人旅行者という幅広いイメージで捉《とら》えたほうが正確かもしれない。

さて、そんなバックパッカーだが、「世界初のバックパッカー」と称される旅人がいることをご存じだろうか？

その人物こそ、ジョヴァンニ・フランチェスコ・ジェメリ・カレリ（一六五一〜一七二五）である。

ジェメリ・カレリこそ、公共の交通手段を使用して世界を広く旅した最初のヨーロッパ人とされるのである。

一説によると、作家ジュール・ヴェルヌが代表作『八十日間世界一周』を著《あらわ》すきっかけとなったのはジェメリ・カレリの旅行記であったともいわれているほどだ。

一六五一年、イタリアの南端・タウリアノーヴァに生まれたジェメリ・カレリは、ナポリのイエズス会大学で法学博士号を取得後、裁判官となった。そのときに『ハンガリー戦役の報告』と『ヨーロッパの旅』という著書を上梓《じょうし》し、その後、法曹界《ほうそうかい》に不満を募《つの》らせたジェメリ・カレリは同職を辞して世界一周の旅に出ることを決意。

その五年におよぶ旅はのちに『世界をめぐる』という著作群（六巻）にまとめられた（以上、Common-place The Interactive Journal of Early American Life ホームページによる）。

『八十日間世界一周』（岩波文庫）の鈴木啓二氏（フランス文学者）の解説によれば、「ヴェルヌの同書（雑誌への掲載は一八七二年、書籍としての刊行は一八七三年）は、このシャルトンの雑誌『世界一周』から実に様々な要素を借りてきている（時にそれは剽窃《ひょうせつ》とも呼べるほどである）」という。

鈴木氏の述べる「シャルトンの雑誌」とは、編集者であったエドゥアール・シャルトンが一八六〇年に発刊した版画入りの雑誌『世界一周』のことで、この雑誌には未刊・既刊の旅行記が版画とともに収録されており、モロッコ紀行、タヒチの宗教、アフリカ探検記、中国・日本旅行記などが含まれていたという。

もしもジェメリ・カレリの旅行記がヴェルヌに『八十日間世界一周』を書かせた契機になったという説が確かであるならば、これは想像ではあるが、シャルトンの雑誌『世界一周』にそれが含まれていた可能性も考えられるだろう。

国会に設置されている「酸素ボックス」の役割とは？

令和四（二〇二二）年四月末現在、衆議院議員の定数は四六五人である。

衆議院を例に取ると、国会の本会議場にはこのように五〇〇人に近い人数の議員がいるが、そこには議員の他にも、政府職員、速記者、衛視《えいし》（院内警護の任務を負う国会職員）など、さまざまな職業の方がはたらいている。

さて、そのようにたくさんの人びとが行き交う本会議場だが、実はあまり換気が効かないようで、健康維持を理由として昭和四一（一九六六）年五月以降、議場の脇に「酸素ボックス」が設置されるようになった。

同時期の議員運営委員会において、当時の議員運営委員会理事であった佐々木英世議員らが「本会議が深夜まで続くと頭が痛くなったり眠くなったりする」ということで提案したのだそうだ。「気分転換にもなる」という理由も付け加えられた。

酸素ボックスは、使用しなくなった電話ボックスを再利用したもので、ボックスのなかには酸素ボンベ、吸引具、そして事務用の椅子が一脚置かれている。椅子は、体調が悪くなった議員などが座るためのものなのだろう。酸素ボンベ内の酸素の残量は、本会議があるごとに衛視が確認し、また、吸引具の消毒も行なっているそうだから徹底している。

国会では、問題が紛糾し、ひとたび火が着けば議論はまさに白熱する。そんなときにもしかしたら酸素ボックスは役立つのかもしれない。

なお、議員のなかには、国会内に酸素ボックスがあることに長年気づいていない人もいるようで、また、昔の新聞記者のなかには、国会で手に入れたスクープをいち早く自社に伝えようとして、誤って酸素ボックスに駆け込んだ人もいるそうだ。確かに、外見は間違いなく電話ボックスなのだから、間違うなというのは酷である。

さらに、国会に設置されていた珍備品には、防災頭巾《ずきん》も挙げられる。防災頭巾は本会議場の議席の下に置かれていたもので、昭和五三（一九七八）年に「大規模地震対策特別措置法」が制定されたことがきっかけとなり、本会議中に大地震が起きた場合に備えて、昭和六一（一九八六）年二月に備えられることとなった。

だが、現在では、地震への備えをより充実させるため、折り畳み式の防災ヘルメットが配備されている。

ちなみに、通常、国会で用意されている飲み物は水だが、参議院農林水産委員会では唯一牛乳を飲むこともできる。十年以上前、牛乳の消費が落ち込み、消費拡大を狙ってのことだという。

縄文人の平均寿命は一五歳って、ホント？

日本の先史時代のうち、縄文《じょうもん》土器が使用された時代を「縄文時代」という。旧石器時代に続き、日本史の教科書でもっともはじめのページに記される時代の一つだ。

縄文時代の遺跡（主に貝塚《かいづか》）から発見された遺物には、土器の他、人骨も含まれているが、縄文時代の早期から晩期までの遺跡から見つかった人骨のなかで、死亡推定年齢が一五歳以上とされた男女合計二三五例の平均余命を調べたところ、男女ともに一六年という結果が得られた。

したがって、単純に考えれば、一五歳＋一六歳で、平均寿命は三一歳と推定されるわけだが、この数値には一五歳までに亡くなった子どもが含まれておらず、また、史料が確かである一七世紀半ばのロンドン市民の平均寿命（一八・二歳）などから考えて、縄文人の平均寿命は一五歳と推定されている。

なお、別の統計データからの推定では、平均寿命は一二歳であったともいわれているが、トータルとしていえるのは、縄文人の平均寿命が二十歳を超えることはなかったということである。

縄文時代の開始年代について、従来の教科書では約一万二〇〇〇年前あるいは約一万三〇〇〇年前からはじまると記されており、一般的にはこの年代観にしたがうのが通説であるようだが、平成一〇（一九九八）年に青森県の大平山元《おおだいやまもと》遺跡から出土した無文《むもん》土器の付着炭化物を高精度の炭素14年代測定法で測定した結果、一万六五〇〇年前という数値が導き出された。

このことから、縄文時代の開始年代をこの測定値と絡《から》めて言及することもある。新たな発見とともに、歴史は塗り替えられていくのであろう。

キャバクラでお客を「幹」、「枝」と呼ぶ理由は？

キャバクラとは、辞書的にいうと「キャバレー式クラブ」の略である。

つまり、キャバクラとは、キャバレーとクラブという言葉を合わせた和製外来語なのだ（キャバレーはフランス語、クラブは英語）。

キャバクラが生まれたのは昭和六〇（一九八五）年二月に新風営法（風俗営業等の規制及び業務の適正化等に関する法律）が施行されて以降のこと。

料金を時間制にすることによって、明朗《めいろう》会計を謳《うた》い、高級クラブとは一線を画したことで爆発的に人気が高まるようになったのだ。

その証拠に、「キャバクラ」という造語は同年に開かれた第二回「新語・流行語大賞」の新語部門・表現賞を受賞している。

さて、キャバクラ嬢（以下、キャバ嬢）の業界用語として「幹《みき》」「枝《えだ》」というものがあるそうだが、これらの言葉の意味が何であるのか、おわかりだろうか？

答えは、「常連客」と「常連客の連れてきた客」である。

キャバ嬢は来店するお客さんを木に見立て、「太い木」という意味合いから、常連客を「幹」、「木から枝分かれしている」という意味合いから、連れられてきた客を「枝」と呼んでいるそうなのだ。

店舗によってルールはまちまちなようだが、ふつう枝客は、幹客が指名しているキャバ嬢を指名することになっている。

そのようにしておかないと、同じ店舗でキャバ嬢どうしが客の取り合いをしてしまうためで、これは暗黙のルールといえよう。

キャバ嬢もたいていは歩合で給料を得ているのだから、常連客をどれだけ抱えているかがお金を稼ぐポイントとなる。

枝が育って幹となり、その客がまた枝をたくさん連れてくるようになれば、給料アップも間違いなし、というわけだ。

ちなみに、幹客と枝客が一人のキャバ嬢をめぐって修羅場《しゅらば》を見せることもあるとか。

キャバ嬢にとってはありがたいことかもしれないが、どれだけ長い間、客を自分に繋《つな》ぎ止めておくことができるかが彼女たちの腕の見せ所といえよう。

実は、割り算にも九九があったって知ってる？

小学校で皆が学ぶ「九九《くく》」。幼い頃、すべて覚えるのに苦労した人も多いのではないだろうか。

だが、昔はもっと辛《つら》かった。

なぜなら、九九の「割り算版」もあったからだ。

九九の割り算版を「八算《はっさん》」という。一で割っても仕方がないので、二から九までの八つの数で割るから八算の名がつけられたとされる。

八算は、「割る数」「割られる数」「答え」の順に覚える。

たとえば、「二《に》一《いち》天作五《てんさくのご》」という覚え方があるが、これは「一〇÷二＝五」のこと。

実は、八算はそろばんをベースにして編み出されたもので、「天」とは五玉（そろばんの上部にある、五を表す玉）を下げること、「作」とは一玉（そろばんの下部にある、一を表す玉）をすべて下げることを指す。

つまり、「二で一〇を割ると、五玉が下がって一玉が全部なくなり、答えは五になる」という意味である。そろばんで計算したことがない人にとっては、少々ややこしい説明かもしれない。

そのほか、八算には、「一〇÷三＝三あまり一」のことを「三一三十一《さんいちさんじゅうのいち》」、「一〇÷六＝一あまり四」のことを「六一加々四《ろくいちかかし》」、「四〇÷八＝五」のことを「八四天《はちしてん》作五《さくのご》」などといっていた。

なぜ昔（昭和初期まで）に八算が必要だったのかというと、貨幣の単位が複雑だったことなどが挙げられるのだが、江戸時代は人びとの間では割と身近だったようで、文楽《ぶんらく》の『心中《しんじゅう》天網島《てんのあみじま》』には主人公・治兵衛《じへえ》のセリフに掛け算と割り算の両方の九九が登場する。

なお、身動きができないことを「にっちもさっちもいかない」などというが、「にっちもさっちも」を漢字で書くと「二進も三進も」となる。「進」は「割る」という意味で、二でも三でも割り切れず、計算が合わないことを、身動きが取れないことになぞらえた言い方とされている。

鳶職人が履くニッカポッカは、なぜダボダボなのか?

鳶《とび》職人の服装でまっさきに思い浮かぶのが、あのダボダボしたズボンではないだろうか。

あの独特なズボンの名前は「ニッカポッカ」という。

正式名称は「ニッカボッカーズ」で、由来はオランダの子ども用のズボンにあるとされる。ニッカボッカーズは、かつてオランダからアメリカへ渡った移民たちが履《は》いていたことで広まりを見せた。

現在でも、英語で「Knickerbocker（ニッカボッカー／ニッカーボッカー）」といえばオランダ人移民やその子孫たちを指している。

かつて、日本ではニッカポッカはスポーツや軍服として着用されていたというが、工事現場の作業着用として優れているとされ、いつの間にか鳶職人の代名詞となった。

さて、このニッカポッカだが、実はたくさんの機能面が隠されている。

その最たるものが、危険を事前に察知するための「センサー」の役目を果たしているということ。

鳶職人が鉄骨の上などを歩くとき、どこかに出っ張りがあった場合、ニッカポッカのダボダボの部分がそれに触れることによって出っ張りを感知し、避けることができるというわけだ。つまり、あのダボダボが猫のヒゲのような役割を果たしていることになるのである。

さらに、風の吹き具合を感知することができるという機能もある。

ダボダボ部分が風に揺れるのを本人やその他の鳶職人が見ることによって、その日の風の強弱がわかるというわけだ。高所で作業をすることが多い鳶職人にとって、風は大敵となる。ダボダボ部分が強く風になびいているときは作業が危険な状態にあるため、休憩することもあるという。

その他、スリムなズボンよりもダボダボのほうが足の可動範囲が広まり、作業がしやすいというメリットや、ダボダボ部分の適度な重さがバランサー（均衡装置）の役目を果たし、高所を歩くときに役立つというメリットもあるそうだ。

なお、ニッカポッカのデザインにも流行《はや》り廃《すた》りがあり、丈《たけ》の長さによって「ロング八分」「超ロング」「スーパーロング」「超超ロング」「四超ロング」などと呼ばれている。そして、昨今の流行りは超超ロングだそうである。

「応仁の乱」で奇跡的に焼け残った京洛最古の建物とは？

平成二九（二〇一七）年は、「応仁《おうにん》の乱」（一四六七～七七）がはじまってから五五〇年目にあたり、呉座勇一氏の『応仁の乱　戦国時代を生んだ大乱』が〝お堅い〟歴史書にもかかわらず異例のベストセラーとなったことも記憶に新しい。

さて、京都で「先の大戦」といえば第二次世界大戦ではなく応仁の乱を指す、とまことしやかにいわれるほど身近な歴史であるが、実は応仁の乱の戦火をくぐり抜けた建物がいまでも存在していることをご存じだろうか。

それが、大報恩寺《だいほうおんじ》（京都市上京《かみぎょう》区）である。一般的には「千本釈迦堂《せんぼんしゃかどう》」といったほうがわかりやすい。

千本釈迦堂は鎌倉時代初期の安貞元《あんてい》（一二二七）年に開創された寺だが、応仁の乱の際に両陣営から手厚い保護を受けたため、奇跡的に戦火を免《まぬか》れることができたという。現在では京洛《きょうらく》（京都市内）最古の建物として、国宝に指定されている。

千本釈迦堂は真言宗《しんごんしゅう》智山派《ちざんは》の寺院で、行快《ぎょうかい》の手による本尊《ほんぞん》「釈迦如来《にょらい》坐像」が古来より厚く信仰され、付近に南北に走る千本通があることなどからそのように呼ばれるようになったとされる。

また、本堂の柱には矢の跡や刀疵《かたなきず》などがいまでも残されており、戦の凄《すさ》まじさを垣間見《かいまみ》ることもできる。

なお、応仁の乱に関連することがらで述べれば、京都市内に四店舗（本店および三つの支店）を構える「本家尾張屋《ほんけおわりや》」も、同乱をくぐり抜けた老舗《しにせ》だ。

本家尾張屋が創業したのは応仁の乱が開始される二年前の寛正《かんしょう》六（一四六五）年のことで、尾張国から菓子屋として京都で商いをはじめたのがその創始と伝わる。店の名物は一四代目が考案した「宝来蕎麦《ほうらいそば》」。かつて、蕎麦が宝を集める縁起《えんぎ》のよい食べ物として宝来と呼ばれていたことに由来するという。

コブダイはみんなメスとして生まれるって、ホント？

日本本土沿岸で見ることができるベラの仲間のなかでは最大の大きさを誇る魚が、コブダイである。

鋭い歯が並ぶ強力なアゴと、前に大きく張り出した頭のコブが特徴で、水族館では「ブサカワ」のアイドルとして人気が高い。

同じベラ科でナポレオンフィッシュという魚もいるが、こちらもブサカワの表情が愛らしく、ダイバーに可愛がられている。

そんなゴツい体を持つコブダイだが、実は生まれたときはみんなメスである。

コブダイは「雌性先熟《しせいせんじゅく》」という特徴を持っている。雌性先熟とは、雌雄《しゆう》同体の動物で、卵巣などが先に発達・生熟するという意味で、つまりはメスからオスへと変化するということ。

実際、コブダイは、メスとして生まれて成長していき、群れのなかで体がもっとも大きくなった一匹がオスに性転換し、アゴとコブが張り出していくのだ。オスとして成長したコブダイは、大きなものでは体長が約一メートルまでにもなる。

そして、オスとなったコブダイは群れのリーダーとして「ハーレムを率いる王様」となり、縄張りを形成するのである。

頭のコブが張り出すのも、群れを統括するリーダーとして周りの仲間に誇示するためのものだとされている。

コブダイのコブの中身は実は脂肪で、触ってみるとプヨプヨと柔らかいそうだ。

ちなみに、コブダイは白身の魚として、刺身や洗いなどにして食べられてもいる。

パクチーの原産はタイではなく、実はヨーロッパ？

その独特な味から好き嫌いは分かれるだろうが、一度ハマると抜け出せない「パクチー」。「パクチスト」と自称する愛好家も多い。

食品会社もこのブームに乗り、パクチーのポテトチップス、ドレッシング、カレー、焼きそば、パクチー鍋の素なるものも売っている。

そんなパクチーは、もともとタイ料理に使われて一般的になった食材だが、実は原産はタイなどの東南アジアではなく、ヨーロッパである。

詳しく述べれば、ヨーロッパ東部から地中海地方東部にかけての地域が原産なのだ。

パクチーはセリ科の一～二年草で、西洋料理では「コリアンダー」、中華料理では「香菜（シャンツァイ）」と呼ばれている。

コリアンダーの語源はギリシア語の「コリス」にある。

コリスとは虫を意味し、その葉っぱが南京虫《なんきんむし》に似た匂いを発することからそのように名付けられたとされる。

パクチーという呼び名はタイ語で、タイ料理で主に用いられていたことによってこの名前のほうが定着するようになったと考えられる。

また、日本との関わりは古くからあり、なんと平安時代には中国から伝来していたらしい。

昨今の日本におけるパクチーブームの背景には、千年におよぶ歴史があったということになる。

江戸時代には、ポルトガル人が主に持ち込んでいたことから、コリアンダーのポルトガル語であるコエントロ（coentro）が転じて「コエンドロ」の名で親しまれていたと伝わる。戦後は、ハーブの一種としてコリアンダーの名で知られるようになった。

パクチーと日本との関係性は、意外と長いのである。

出雲大社の正しい読み方は、「いずもたいしゃ」ではない？

縁結びの神や福の神として有名な「出雲大社《いずもたいしゃ》」。

日本に現存する最古の歴史書である『古事記《こじき》』にもその創建が記されているほど古い社《やしろ》で、明治初期までは「杵築《きづき》大社」と呼ばれていた。

この、全国的にその名を知られた出雲大社だが、正式には何と読めばいいのか、おわかりだろうか？　「いずもたいしゃ」では間違いなのだろうか？

実は、出雲大社の本当の読み方は、「いづもおおやしろ」である。

ただし、出雲大社によると、同社でも普段の社外への対応においては「いづもたいしゃ」という呼び名を使うことはあるそうで、「いづもおおやしろ」でも「いづもたいしゃ」でも、どちらでも間違いではないということのようだ。

なお、「おおやしろ（大社）」という呼び名は、島根県出雲市の出雲大社のみを指すものであって、分社された出雲大社の読み方が「おおやしろ」であることはない。

このことは、「神宮《じんぐう》」といえば三重県伊勢《いせ》市の伊勢神宮のみを指していることと似ているといえよう。

鉄道会社の規則に「死体持ち込み禁止」とあるのは、なぜ？

平成二七（二〇一五）年六月末、東海道新幹線の走行中の車内で放火事件が発生した。火は乗務員によって消化器で消し止められたが、多くの乗客が煙を吸い込み、死者も出た。

この事件により、新幹線の車内に持ち込めるものを見直す動きが出てきたのは当然であった。

さて、鉄道会社各社はそれぞれ旅客営業規則を作成し、列車内に持ち込めるもの、持ち込めないものを明記しているが、持ち込めないもののなかに意外な項目がある。

実は、「死体」は持ち込んではいけないとわざわざ記されているのだ。

ＪＲ東日本の旅客営業規則の第三〇七条には、「持込禁制品」として、火薬類・高圧ガスなどの「危険品」（ただし、定められた重さ以内のものは持ち込むことが可能）「暖炉及びこん炉」「動物」（身体障害者補助犬や盲導犬、容器に入れた小鳥・魚介類などを除く）「不潔又は臭気のため、他の旅客に迷惑をかけるおそれがあるもの」「車両を破損するおそれがあるもの」のほか、「死体」とはっきりと書かれているのである。

なぜ、列車内に死体を持ち込んではいけないのかというと、戦時中は死体を列車で運ぶことが多々あり、さすがにそれは禁止しなければならないということで、昭和一七（一九四二）年に鉄道省（当時）によって鉄道の運輸規定に明記され、それが現在まで受け継がれているということのようだ。

ちなみに、ＪＲ東日本の場合、列車内に無料で持ち込むことができる手回品は二個までと定められていることをご存じだろうか。

実は、三つ目以上の手回品を持ち込む場合は一回の乗車ごとに二九〇円を支払うという規定になっているのだ。

同規則の第三〇八条には、このようにある。

「（前略）列車の状況により、運輸上支障を生ずるおそれがないと認められるときに限り、３辺の最大の和が、２５０センチメートル以内のもので、その重量が30キログラム以内のものを無料で車内に2個まで持ち込むことができる。ただし、長さ2メートルを超える物品は車内に持ち込むことができない」

実際に小さな手荷物を三つ四つ持っていたからといって駅員に咎《とが》められることはないだろうが、大きな品物をたくさん購入したあとで列車に乗ろうとした場合は注意が必要といえる。

昔もいまも間違っている！ ウスターソースの本当の使い方とは？

揚げ物や粉物《こなもの》に欠かせないのが「ソース」だ。ソースが日本にはじめて伝わったのは幕末時の開港直後のことというのが定説とされている。

だが、よくよく考えてみると、それよりもずっと前から長崎の出島《でじま》ではオランダ人とさかんな交易がなされていたし、現在、厳格な意味での鎖国はなされていなかったと理解されているので（教科書などでは「いわゆる鎖国」と表記されている）、江戸時代半ばないし後期には日本に伝わったと考えることも十分できる。

しかし、その説を裏付ける史料が存在しないため、前者の説が定説となっているにすぎないといえよう。

さて、ソースといえば、現在では中濃ソース、濃厚ソース（とんかつソースなど）、ウスターソースが大きな分け方であるが、実は日本に入ってきた最初のソースはウスターソースである。

ウスターソースの由来は、イングランドのほぼ中央に位置するウスターシャ地方の田園都市でつくられたことにある。ウスターソースの「ウスター」とは、ウスターシャ地方から取られた名前なのだ。

同地方に住む一人の主婦が、余ったリンゴの欠片《かけら》や野菜の切れ端を捨てずに取っておき、そこにコショウなどの香辛料を振り、塩や酢を入れて壺《つぼ》で腐りにくくさせておいたところ、何ともいえぬよい香りのするソースが出来上がっていた。これがウスターソースの由来になったという。

なお、「ソース」の語源は、ラテン語の「サルスス（salsus）」にある。サルススには「塩した」という意味がある。

ところが、である。

本来、ウスターソースはスープなどに数滴落として風味をつけるためのものであったのだが、日本には醤油というウスターソースに似た調味料があったことから、当時の日本人は洋食の代表ともいえるコロッケやカツレツに、ウスターソースを醤油のようにドボドボとかけてしまった。

これでは料理がまずくなるばかりではなく、ウスターソースの評判も落としてしまう。事実、明治時代のウスターソースの評判はあまりよくなかったらしい。

そのため、日本には次々にソースを製造する会社が現れ、日本人の口に合うソースがたくさんつくられるようになったのであった。

ちなみに、日本の行政上においては、中濃ソースも濃厚ソースもウスターソースも、すべて「ウスターソース類」として扱われている。

戦前にも「海の日」があったって、知ってる？

平成二八（二〇一六）年から、八月一一日は「山に親しむ機会を得て、山の恩恵に感謝する」日として、「山の日」という国民の祝日になっている。

これにより、「国民の祝日」の年間の日数は一六日となった。

ちなみに、一六ある「国民の祝日」は、「元日」（一月一日）、「成人の日」（一月の第二月曜日）、「建国記念の日」（政令で定める日〈二月一一日〉）、「天皇誕生日」（二月二三日）、「春分《しゅんぶん》の日」（春分日）、「昭和の日」（四月二九日）、「憲法記念日」（五月三日）、「みどりの日」（五月四日）、「こどもの日」（五月五日）、「海の日」（七月の第三月曜日）、「山の日」（八月一一日）、「敬老の日」（九月の第三月曜日）、「秋分《しゅうぶん》の日」（秋分日）、「スポーツの日」（一〇月の第二月曜日）、「文化の日」（一一月三日）、「勤労感謝の日」（一一月二三日）である。

右に挙げた祝日のうち、「春分の日」と「秋分の日」については、国立天文台が毎年二月に翌年の「春分の日」と「秋分の日」を官報で公表する。したがって、両者は法律でも具体的な月日が明記されていない。

さて、国民の祝日のなかでも「山の日」と並び、比較的新しい祝日が「海の日」である。

「海の日」は平成七（一九九五）年六月に祝日法を改正して新たに祝日として加えられた（施行は翌年）のだが、実はその起源は古く、昭和一六（一九四一）年五月の閣議において七月二〇日が「海の記念日」と定められていたことにある。

七月二〇日は、明治天皇が青森から横浜に到着された日である。

明治九（一八七六）年、明治天皇は五〇日かけて東北地方を巡幸《じゅんこう》し、灯台視察船「明治丸」で青森を出航、函館を経由して横浜に到着したのだった。

昭和一六（一九四二）年、これを記念して「海の記念日」が誕生。同年七月二〇日が、第一回目の「海の記念日」となったのだ。

制定以来、運輸省（当時）や船舶関係の団体などにより、海に関する行事はこの日に開かれることが少なくなかったが、平成七年一月一七日未明、阪神・淡路大震災が発生。このとき、瀬戸内海を経由した海上輸送が功を奏したことによって、海の重要性が改めて見直され、「海の日」の制定への機運が盛り上がった。

四方を海に囲まれている日本は、数千年前から海と深く繋がり、恩恵もたくさん受けてきた。そこで、「海の恩恵に感謝するとともに、海洋国日本の繁栄を願う」という趣旨で「海の日」が制定されたのである。

世界の国々のなかで「海の日」を国民の祝日と定めているのは日本が唯一とされている。

なお、「山の日」は八月一一日だが、なぜこの日になったかというと、学校の授業日数に影響がなく、漢字の「八」が山、数字の「11」が木が並んでいる姿に見えることによるとされている。

なぜNHKでは五月の連休を「ゴールデンウイーク」といわないのか？

四月末から五月初旬にかけての連休を「ゴールデンウイーク」と呼ぶ。

旅行案内や雑誌などでは、ゴールデンウイークの頭文字を取って「GW」などと表記されている。

ゴールデンウイークの核になる休日は、五月三日の「憲法記念日」、四日の「みどりの日」、五日の「こどもの日」だが、週休二日制の現在では、その期間中にある数日の平日を運よく休むことができれば、九連休ないし一〇連休も夢ではない。そうなれば、海外旅行にも行けるし、体を休めることもできる。働き手にとっては確かに「黄金週間」になるだろう。

ところが、NHKでは昔から奇妙なことが起こっている。放送では原則として「ゴールデンウイーク」という言葉を使わず、「大型連休」という言葉が用いられているのだ。これはいったいどういうことなのだろうか？

実は、ゴールデンウイークという言葉は映画業界で生み出されたものだ。連休で映画館の観客が増えたことに目をつけた映画会社が、この連休期間に大作を投入し、その宣伝を兼ねて考え出された言葉で、昭和二七（一九五二）〜昭和二八（一九五三）年頃より世間にも広まっていったようである。

しかし、一九七〇年代に起こった石油ショック以降、「呑気《のんき》に何日も休むことなどできないのに、何がゴールデンウイークだ！」という視聴者からのお叱りの電話が局に何本もかかってくることとなり、また、外来語やカタカナをなるべく避けたいとの放送の制作現場の声も高まっていたこともあって、大型連休と言い換えることにしたのだという（NHK放送文化研究所ホームページによる）。

大型連休という言葉も、何度も使用していると耳障《みみざわ》りなものとなることから、複数回使うときは「今度の春の連休で……」「四月末からの連休では……」などと言い方を変えているそうだ。

ちなみに、NHKを退社し、フリーになったアナウンサーのなかには、NHKの社員時代に口にすることができなかったゴールデンウイークという言葉を民放局で嬉々《きき》として使っている人もいるとか。

紺のパスポートは五年、赤は一〇年、では緑と茶は誰が使っているの？

海外へ渡航するときに必ず携帯しなければならないのが「パスポート」である。

ふつう、わたしたちが手にすることができるのは、紺《こん》か赤の色をしたパスポートがほとんどだが（紺色のパスポートは有効期限が五年のもので、主に未成年者のもの。赤色は有効期限が一〇年のもので、こちらの方が一般的）、実はそれ以外にも緑色と茶色のものがある。

では、緑色と茶色のパスポートは、誰のためのパスポートなのだろうか？

実は、緑色のパスポートは「公用旅券」に区分されるもので、国会議員や公的機関の職員などが国の仕事のために海外を訪れる際に使用される。パスポートの表紙には「OFFICIAL PASSPORT」と書かれている。

一方、茶色のパスポートは「外交旅券」に区分されるもので、皇族や首相が公務として海外を訪れる際に使用される。パスポートの表紙には「DIPLOMATIC PASSPORT」と書かれている。

外交旅券が発行される人には「外務公務員」が含まれていることから、特命全権大使や特派大使、政府代表などの肩書きを持つ人のパスポートも茶色ということになる。

薄い茶色のパスポートもあるが、こちらは海外でパスポートを更新したりするときに発行される「緊急旅券」に区分されるものとなっている。

ちなみに、諸外国の発行するパスポートにおいても紺色と赤色のものが多く、アメリカやカナダ、オーストラリアなどの一般的なパスポートは紺色、ヨーロッパ諸国の一般的なものは赤色となっている。

なお、主権が曖昧《あいまい》である国や開発途上国が発行するパスポートは緑色であることが少なくないそうだ。

エベレストの登山者が必ずしなければならないことって、何？

ネパールに位置する世界最高峰のエベレスト（八八四八メートル）。

ガーディアン誌によると、現在、エベレストに登る許可をネパール政府から得ることができるのは、六五〇〇メートルよりも標高の高い山に登った経験のある一八歳から七五歳の登山者に限られるそうだ。

とはいえ、エベレストの登山ルートでは、まるでゴールデンウイーク時の主要高速道路のように、渋滞が起きるほど登山者が多い。毎年、六〇〇人以上が地球でもっとも宇宙に近い場所を目指して歩みを進めていくのだ。

さて、そんなエベレストで、登山者が必ずしなければならないことがあるという。

それはいったい、どんなことなのだろうか？

実は、エベレストの登山者は、自分の持ち込んだ荷物を抜いて、八キロ分のゴミを山から持ち帰らなければならないことになっているのだ。

エベレストはかつてのように、ごく限られた登山パーティーのみが登ることができる山ではなくなっているため、当然ながらゴミがたくさん捨てられている。

酸素ボンベや食べ物の包装紙などのほか、なんと登頂途中で息絶えた亡骸《なきがら》もそのままになっている。これは、止《や》むを得ず降ろすことができなかった遺体であり、なかには登山ルートの目印にされている遺体もあるというから皮肉なものである。

登山者が持ち帰ってきたゴミが八キロに達しているかどうかをどうやって検査するのかは不明だが、トレッキングルートの入口にチェックポストがあるように、登山ルートの出入りの部分である程度はチェックされるのかもしれない。

ただ、すべての登山者がこのルールを忠実に守るとはいえないだろう。誠実な登山者が多かったならば、エベレストのゴミ問題はここまで深刻になってはいないからだ。

2章

えっ、そうだったのか！

初耳の雑学

頭がいい人は、本当に脳のシワが多いのか？

子どもの頃、親から「たくさん勉強して、脳ミソのシワを増やしなさい！」などといわれた人もいるかもしれないが、「頭がいい人は脳のシワが多い」というのは本当のことなのだろうか？

脳のシワは、正確には「脳溝《のうこう》」と呼ばれ、シワとシワのあいだの隆起した部分は「脳回《のうかい》」という。

そして、その脳溝だが、赤ちゃんがお母さんのお腹のなかにいる、つまり胎児の状態のときに大脳が大きくなるにしたがって形成され、生まれ出た段階では形成し終えているらしい。つまりは、生後、いくら勉強したところで脳のシワは増えないということのようだ。

なぜ脳溝というシワがあるのかということについては、小腸の柔毛《じゅうもう》や肺の肺胞《はいほう》の存在を思い浮かべるとわかりやすい。柔毛も肺胞も、突起物が無数にあることによって養分を吸収しやすくするようにし、活動の領域をなるべく広くできるようになっている。

脳溝がある理由もそれらと同じで、人間の頭の大きさは限られているのだから、脳の表面積を少しでも増やすには脳が折りたたまれていたほうがよい。その結果、脳にシワができるようになったとされる。

ただし、哺乳類《ほにゅうるい》を例に取れば、サルよりも人間のほうが知能が高いのは明らかなことだから、「脳が大きければ（＝シワの数が多ければ）知能が高い」ともいえる。この意味から述べれば、「脳のシワが増えれば頭もよくなる」とも考えられる。

脳については、現代科学をもってしてもやはり理解しがたい分野なのである。

一万円札の福沢諭吉の肖像は、実は本人の「ご指定」？

日本の最高額紙幣である一万円札《さつ》に描かれている人物といえば福沢諭吉《ふくざわゆきち》であるのは常識であるが、諭吉のこの肖像は、実は本人が「指定」したものである。

といっても、「後世《こうせい》にお札の顔として使ってほしい」と頼んだということではもちろんなく、「何か写真が必要なときはこれを使ってほしい」と指定していた一枚が、現在の一万円札の肖像のもとになった、ということのようだ。

肖像の由来となった写真は、明治二四（一八九一）年に撮影されたもので、彼が五六歳のときのものである。

諭吉が慶應義塾《けいおうぎじゅく》に大学部を設け、文学・理財・法律の三科を置いたのは写真が撮影される前年の明治二三（一八九〇）年のことで、撮影の翌年の明治二五（一八九二）年には北里柴三郎《きたざとしばさぶろう》を助けて伝染病研究所の設立に尽力している。

さらに、明治二七（一八九四）年、五九歳のときには、売りに出た耶馬渓《やばけい》の競秀峰《きょうしゅうほう》一帯の土地を買い取るという、現在の自然保護の先駆けのような行ないもしている。

諭吉は写真撮影から一〇年後の明治三四（一九〇一）年に六六歳で亡くなっているが、諭吉の晩年においてもっとも脂《あぶら》が乗り切っている時期に撮影された肖像が、お札の顔なのである。

なお、福沢諭吉の肖像の一万円札は二種類あることをご存じだろうか？

諭吉の一万円札には、現在発行されている「E一万円券」と、昭和五九（一九八四）年に発行された「D一万円券」の二種類があるのだ。

両者の違いは明らかで、Ｅ一万円券は表面にホログラムがあり、裏面は鳳凰像《ほうおう》となっているのに対し、Ｄ一万円券は表面にホログラムがなく、裏面は二羽のキジが描かれている。現在、どちらも問題なく使われているので、普段は気付きにくいかもしれないが、一万円札が手元にあったら、ぜひ確認してみてはいかがだろうか。

歴史上の王様につけられた、あんまりな「あだ名」って？

世界史に登場する諸外国の王様には、自身の名前のほかにそれぞれ「あだ名」がある。

たとえば、有名なところでは一七世紀半ばから一八世紀はじめまでのフランスに君臨したルイ一四世につけられたあだ名は「太陽王《たいようおう》（Roi-Soleil）」。

ブルボン朝の最盛期を築いた彼は、フランスを世界の中心に導いて輝かせた。太陽王という称号は、まさにルイ一四世のためにあるあだ名といえる。

しかし、それ以前の王様のあだ名を調べてみると、格好よいものだけがあるわけではないことがわかる。

中世フランスのカロリング朝において、残念なあだ名を持つ王様を挙げると以下のようになる。

・シャルル二世（禿頭王《とくとう》）
・ルイ二世（吃音王《きつおん》）
・カール三世（肥満王《ひまん》）
・シャルル三世（単純王《たんじゅん》）
・ルイ五世（怠惰王《たいだ》）

カペー朝の王様のあだ名には格好よいものが少なくないが、ルイ六世はカール三世と同様に「肥満王」だし、ルイ一〇世に至っては「喧嘩王《けんか》」というありがたくない名前がついている。なお、近世になると、残念なあだ名はそれほど見られなくなってくる。

このように、王様はときには辛辣《しんらつ》な言葉を投げかけられることも少なくないのだが、あだ名がそのまま彼らの容姿などを言い表してはいない場合もあるようだ。

たとえば、「禿頭王」というあだ名を持つシャルル二世の場合。

「禿頭」とはいわゆるハゲ頭のことだが、実は彼はハゲていなかったとされている。

では、なぜ「禿頭王」と呼ばれたのかといえば、彼の治世に領土があまりなかったことから、「土地がない」という状態を皮肉って「ハゲている（禿頭）」と揶揄《やゆ》されたのではないかという説があるのだ。

当時の文献にはシャルル二世の禿頭に関して言及したものが見当たらないことから、この説が支持されているわけだが、歴史は真実を伝えるばかりではないことがこの話からもわかる。

「ダントツ」って、何の略？どう使うのが正しい？

「あの選手は『ダントツ』に足が速い！」
「このラーメンの美味さは『ダントツ』だ！」
などといったりするときに使われる言葉、「ダントツ」。

ふつうは「断トツ」と表記され、「二位以下とは大きな差をつけて首位にある状態」を指す俗語である。

この意味からもおわかりのように、ダントツとは実は「断然トップ」の略である。

ダントツという言葉は、したがって「上位」にしか用いることができないものであるから、「ダントツにビリだ」とか、「ダントツに下手だ」といった使用法は基本的にはできないのである（実際には口にしていることもあるが）。

また、「ダントツ一位」という使用法も、本来の意味合いからはおかしい。ダントツという言葉自体に、一位という意味が含まれているためである。

なお、岡山県岡山市にはその名も「ダントツラーメン」という屋号のラーメン屋が存在する。背脂たっぷりの二郎系ラーメンで、名前の通り、評判がよいそうである。

日本特有と思われてる花粉症、その意外な発祥の地とは？

現代の日本人の多くを悩ませている病の一つが、花粉症である。

花粉症の原因となる花粉は、スギ花粉、ヒノキ花粉、ブタクサ花粉などさまざまあるが、春先だけではなく一年中飛散していることをご存じだろうか。

日本各地で飛散状況が異なるのだが、たとえば、関東では、スギ花粉（二～四月）、ヒノキ花粉（三月中旬～四月）、ブタクサ花粉（八月下旬～九月）となっており、五月から六月にかけてはイネ科の花粉も飛んでいる。

関西では、スギ花粉（二月下旬～三月）、ヒノキ花粉（四月）、イネ花粉（四月下旬～五月）、ブタクサ花粉（九月下旬）などとなっている（エスエス製薬ホームページより）。

さて、花粉症は日本人に特有のものなのかと思いきや、実はその「発症の地」は日本ではなく、イギリスとされている。

昔から海軍が軍隊の主力を占めていたイギリスでは、軍艦を建造するための場所を確保するために森林を伐採していたが、そこに生えた雑草が、花粉症のアレルゲンを発生させる植物だったとされる。

また、イギリス人のほか、花粉症に悩まされている人びとは世界中におり、アメリカ人はブタクサ花粉に悩まされ、スカンジナビア半島にあるノルウェーやスウェーデンの人びとはカバノキの花粉などに悩まされているという。

ちなみに、日本においてスギ花粉がはじめて確認されたのは、東京オリンピックが開催された昭和三九（一九六四）年のことで、日光市（栃木県）においてであった。

終戦後、都市を再建するための建築用材として、国策によって全国各地にスギが植えられたのだ。

その後、安価な外国産の木材が輸入されるようになったことなどが原因となって国産スギの価格が下落した。

そのため、仕方なく放置されたスギが花粉を撒《ま》き散らすようになったのである。なお、スギは樹齢三〇年頃から花粉を撒き散らすというが、なんと樹齢五〇年まではそれを止めないそうだ。

日本人が花粉症に悩まされる日々は、まだ続くようである。

力士が食べるものはすべて「ちゃんこ」、そのワケは？

相撲力士《すもうりきし》が食べるもので誰もが真っ先に思い浮かべるのが「ちゃんこ鍋」だろう。いまでは、国技館がある墨田区をはじめ、各地にちゃんこ屋があることから、一度は口にした方も多いのではないだろうか。

この「ちゃんこ」だが、鍋料理のみならず、実は力士が口にするものは何でも「ちゃんこ」と呼ぶ。つまり、ハンバーガーでもピザでもラーメンでも、力士の食事ならばすべてちゃんこなのである。

「ちゃんこ」という言葉の由来はさまざまある。

アルマイトの大きな中華鍋を長崎では「ちゃんこ」と呼んでおり、同地を巡業した力士がその鍋料理のことをちゃんこと認識して広まったとする説の他、「ちゃん」は父ちゃん・母ちゃんのちゃんで、「こ」は子を意味し、親方と力士を親子になぞらえて、「親子が一緒に食べる料理」という意味合いからちゃんこと呼ばれるようになったとする説などがある。

ちゃんこ鍋は相撲部屋の幕下力士が担当し、しょうゆ味、塩味、味噌味、キムチ鍋、水炊きなど、多くの種類があるが、「これが入っていなければちゃんこ鍋とはいえない」というルールはない。一般的には野菜、肉団子、うどんなどが入っている。

伝統的なちゃんこ鍋は鶏ガラからダシを取ったものであるが、このようなちゃんこ鍋を「ソップ炊き」という。

ソップとは俗語で鶏肉のことを指すが、このことから、鶏ガラのように細身の力士のことを「ソップ」と呼ぶようになった。

なお、どっしりと太っている力士を「アンコ」というが、一説によると、語源は魚のアンコウに求められるともいわれる。

なぜ津島修治は「太宰治」になったのか？

現在も根強いファンを持ち続けている小説家・太宰治《だざいおさむ》。『斜陽』『人間失格』『走れメロス』など、読んだことがある人も多いだろう。

太宰治は本名を津島修治《つしましゅうじ》というが、修治がなぜ太宰治というペンネームを用いたかということについては、諸説ある。

たとえば、フランス学者の太宰旋門《しもん》の姓から取った、「現存在」の意であるドイツ語の「ダーザイン」から取った、弘前高校時代の同級生・太宰友次郎の姓から取ったなど、さまざまある。

おもしろい説としては、「津島修治」という名前を青森弁でいうと「ツスマスンズ」としかなまって発音できなかったので、なまらずにいえる名前として太宰治というものを思いついたとするものもあるほどだ。

では、そのペンネームに関して、本人はどのように説明していたのだろうか？

太宰自身が語ったところによると、以下のような説明になる。

「特別に、由来だなんて、ないんですよ。小説を書くと、家の者に叱られるので、雑誌に発表する時、本名の津島修治では、いけないんで、友だちが考へてくれたんですが、万葉集をめくつて、始め、柿本人麻呂から、柿本修治はどうかといふんですが、柿本修治は、どうもね。そのうちに、太宰権師大伴の何とかつて云ふ人が、酒の歌を詠つてゐたので、酒が好きだから、これがいゝつていふわけで、太宰。修治は、どちらも、をさめるで、二つはいらないといふので太宰治としたんです。」（『大映ファン』一九四八年五月号）

これは、女優・関千恵子のインタビューに答えての発言だが、「太宰権師大伴の何とかつて云ふ人」とは奈良時代の歌人・政治家の大伴旅人《おおとものたびと》のことを指す（ただし、旅人は「太宰権師《だざいのごんのそち》」ではなく、実際の役職は「大宰師《だざいのそち》」である）。

したがって、太宰本人の説明によれば、太宰治というペンネームの由来は大伴旅人の役職である「大宰師」にあるということになる。

スーパーの「レジ係」、精算が早いレーンはどこ？

今夜のおかずのための食材を買いにスーパーへ行く。お客さんは、少しでも早くレジを済ませ、家路にたどり着きたい。

スーパーのレジ係は、正式名称を「チェッカー」という。

チェッカーの精算する能力は、並んでみなければわからないが、一つの店舗に何度も通っていると、ある法則が見つかることがある。

たとえば、スーパーへ行くお客さんは、ふつう店内を一周するので、一周したあとに流れつきやすい場所に優秀なチェッカーを多く配したり、数か所のレジしかないような店舗では、真ん中に優秀なチェッカーがいるようにして、その周りのチェッカーが何か困ったことがあったときにサポートしてもらうようにしているようだ。

したがって、どのチェッカーが仕事が早いのかを見分ける全国共通の法則はないといえるが、一つの店舗にしばらく通ってみると、そこでの法則を見つけることはできるようになるだろう。

また、レジを選ぶ際、男性が多く並んでいる列に並ぶとレジを早く済ますことができるといわれる。それは、一般的に男性が購入する品数が少ないからだ。

ちなみに、チェッカーの腕を試す「チェッカーフェスティバル」というものがある（開催はオール日本スーパーマーケット協会による）。

このフェスティバルは、日頃の接客技術を競うための大会で、優秀なチェッカーを讃《たた》え、表彰する。レジの早さや正確さに加え、お客さんへの対応も評価の対象になる。

フェスティバルへの参加者・出場者は総勢七〇〇人以上にもなり、優秀賞に選ばれるのはわずか五人だけという狭き門となっている。

カメハメハ大王の正しい区切りは「カ・メハメハ」？

子どもから大人まで、誰もが一度は耳にしたことがある童謡の一つ、『南の島のハメハメハ大王』。

『みんなのうた』において昭和五一（一九七六）年四月から五月にかけて放送さ

れて以降、現在でも子どもに親しまれている曲である。

この童謡のモデルになっている人物が、カメハメハ大王だ。

ハワイ島コハラの首長《しゅちょう》の家系に生まれた彼は、大首長の死後、内戦状態に陥っていたハワイ島を見事に平定し、カメハメハ王朝を創始する。

彼がハワイ諸島を統一したのは、一八一〇年のことで、戦士としての彼の偉大さが民衆を統《す》べる原動力となった。

さて、そんなカメハメハ大王だが、実は彼の名前の「カメハメハ」は、意味合いから区切るとすると「カ・メハメハ」となる。

ハワイ語でカ（ka）は「その人」、メハメハ（mehameha）は「孤独な」と訳されることから、カ・メハメハは「孤独な人」という意味になるようだ。「カメハメ・ハ」や「カメ・ハメハ」でもなく、「カ・メハメハ」と区切るというのは意外である。

なお、このような意外な区切りを持つ言葉というのはほかにもたくさんあり、アフリカ大陸最高峰の山・キリマンジャロは、正確な語源は定かではないものの、「キリマ・ンジャロ」と区切るし（キリマはスワヒリ語で「山」、ンジャロはチャガ語で「白い」を意味する）、マレーシアの首都・クアラルンプールは「クアラ・ルンプール」（マレーシア語でクアラは「河口」、ルンプールは「泥」）、オセアニアの国ニュージーランドは「ニュー・ジーランド」（ニューは「新しい」、ジーランドは、一七世紀に島を探検したのがオランダ人だったことから、オランダのゼーラント州に由来）と区切られるようだ。

日本語読みでは「キリマン・ジャロ」「クアラルン・プール」「ニュージー・ランド」などと区切られるように思えるが、実際はそうではないところがおもしろい。

知りたくなかった！カニ味噌の「味噌」の正体とは？

高級食材であるカニの美味《うま》さをいまさら書き立てても致し方ないが、ホロホロと味わい深い身よりも、ねっとりと濃厚な「カニ味噌」のほうが好きだという方が少なくない。

さて、カニ味噌を「カニの脳味噌」だと思っている人もいるようだが、それは違う。

カニ味噌の「味噌」は、実は「中腸腺《ちゅうちょうせん》」という部位だ。

中腸腺とは、カニの臓器の一部で、肝臓《かんぞう》と膵臓《すいぞう》を合わせたような機能を持っている。そのため、中腸腺はかつては「肝膵臓」とも呼ばれていたという。

『甲殻類学《こうかくるい》　エビ・カニとその仲間の世界』（朝倉彰編著・東海大学出版会）によれば、カニ味噌の説明は以下のようになる。

「カニ類では栄養物質のもっとも重要な貯蔵器官は中腸腺である。中腸腺はヒトの場合の肝臓に相当する器官で、栄養物質の貯蔵や食物の消化に関係している。カニのミソと呼ばれ、食用のカニ類ではおいしい部分とされている」

カニ味噌はその個体の棲《す》んでいた環境や、そこで口にしていたエサによって色が異なる。海草を主に食べて育ったカニの味噌は黒や濃い緑色をし、魚介類を主に食べて育ったカニの味噌は明るいオレンジ色をしているようだ。

また、カニ味噌を多く体内に持っているのは毛ガニであるとされ、大きな体を持つタラバガニは実はそれほどカニ味噌を持っていないのは覚えておいてよい点であろう。

カニ味噌のファンなら一度は試してみたいのが、「甲羅《こうら》焼き」だ。

甲羅焼きは、カニ味噌が入ったままの甲羅にお酒、みりん、味噌を入れ、そこにほぐしたカニの身を加えて、魚焼き用のグリルかオーブントースターで焼きあげて、焦《こ》げ目がつけば完成だ。

なお、その他、カニ味噌をグラタンのホワイトソースに混ぜて使ったり、ドレッシングに混ぜてサラダにかけたりしても美味しくいただける。一度お試しあれ。

麺のコシに欠かせない「かんすい」って、そもそも何？

もはや「国民食」とも呼ぶべき、ラーメン。

一般的に「ラーメンの味の決め手はスープである」といわれているが、「決め手は麺《めん》である」という意見を持つ方も根強くいる。麺がスープを丼《どんぶり》から持ち上げて口へ運んでくれなければ、ラーメンの美味しさが伝わらないからである。

そんな麺の良し悪しの決め手となるのが「かんすい」だ。

かんすいが入っていないものは「中華麺」と名乗ることが許されず、「中華麺風」ないし「うどん」と呼ばれる。

かんすいは麺の主原料である小麦粉に含まれるグルテンと反応することで弾力が増し、また、食欲をそそる黄色味やアルカリの風味を帯びさせる。

なお、前述のような弾力をふつう「コシ」というが、これに付随する言い方に「アシ」というものがある。

アシ（漢字で書くと「足」）とは、麺を引っ張ったときにグーンと伸びることを表現しており、「この麺はアシがある」などといって使う。コシという表現方法はよく使われるが、アシという言葉もあるとはおもしろい。

かんすいの由来は、定説はないようだが、いまから約一七〇〇年前、中国奥地（内モンゴル辺り）にあった湖沼《こしょう》から湧き出ていた水を、小麦粉をこねる際に使用したことがきっかけという説がある。

この湖沼の名前が「かん湖」といい、湖の水の主成分が炭酸ナトリウムだったため、麺にコシが生まれたのだという。

なお、その湖が干上がってしまったときは、湖底に残った固形物をかんすいの代わりの成分として用いていたとも伝わっている。

現在使用されているかんすいの主成分は、炭酸ナトリウムと炭酸カリウムの混合物で、これにリン酸塩などが加わってつくられている。

また、札幌ラーメンのような、目にも鮮やかな黄色身を帯びた麺は、通常のかんすいの他にビタミンB2などが入っており、見た目に食欲をそそらせるようになっているという。

実は、お札の寿命は千円券が二年、では一万円券は？

人間にも寿命があるように、お札（銀行券）にも「寿命」がある。

実は、千円券、五千円券の寿命は、わずか一〜二年しかない。

これは、千円券や五千円券が日常生活のなかで使用される頻度が高いことによるものである。

では、福沢諭吉の肖像が描かれている一万円券の場合は、どうであろうか？

こちらは、千円券や五千円券よりも使われる頻度が少ないためか、日本銀行の説明によれば、四〜五年程度であるという。

これらのお札のなかには、納税などによって日本銀行へ戻るものもあるが、日本銀行では還流《かんりゅう》してきたお札については「銀行券自動鑑査機」という機械で枚数や真偽をチェックし、汚損具合に応じて流通適否の別に整理している。

これを「鑑査」と呼び、鑑査の結果、流通に適したお札は日本銀行の窓口から再び世の中へ送り出されることになるが、不適当なお札は復元できないほどの大きさに裁断され、銀行券としての寿命を全うすることになるのだ。

ちなみに、日本銀行の説明によると、裁断されたあとの屑《くず》は約七割が住宅用の建材、固形燃料、トイレットペーパー、事務用品などにリサイクルされているという。

また、それらにも加工されない屑は、一般廃棄物として各地方自治体の焼却施設において処分されているそうだ。

お札の寿命は、結構短いのである。

リュックについているブタの鼻のような模様は何？

リュックやバックパックの正面の上方には、菱形《ひしがた》をしている地に細い穴が二つ開いているものがついている。

アレはいったい、何なのだろうか。

単なる飾りなのだろうか？　それとも、何か特別な機能があるのだろうか？

実は、あの部分の名前は「ブタ鼻」という。細い二つの穴が開いているという意味では、確かに見たまんま、ブタの鼻に似ている。

この名前はリュックを製造しているメーカーでも使われているもので、そもそもの機能としては、ここにベルトを通すことによってピッケルなどをくりつけるためのものという。

リュックの下部には短い半円形のベルトがつけられているが、ここにピッケルの頭を通して、ブタ鼻に通されたベルトとともに固定すれば、確かにリュックにピッケルを装着することができる。

リュックにはそんな「機能」があったのか！　確かに、そういう観点で見てみると、正面に凸凹したデザインがつけられているリュックもあるが、それも、その凸凹した部分にベルトなどを通し、下部の半円形のベルトとともに何かを固定するためのものだったことがわかる。

ただし、主に日常で使われるためにつくられているような、タウン用のリュックでは、たとえブタ鼻がついていたとしても、単なるデザインであることが少なくない。そういったリュックには、下部に半円形のベルトがついていないことが多い。

そのようなリュックは、重いピッケルなどをつけるとブタ鼻が壊れてしまうこともあるそうなので、ご注意を。

太平洋と大西洋では、どっちがしょっぱいか？

世界の「三大洋」といえば、太平洋、大西洋、インド洋だが、そのうちの太平洋と大西洋の塩分濃度を比べた場合、両者には違いがある。

実は、大西洋の海水のほうが、太平洋よりも「しょっぱい」のだ。

世界の海洋の九五パーセント以上において、塩分濃度を百分率で表すと、ふつうは三・三〜三・七パーセントの範囲にある（平均は三・五パーセント）。

では、大西洋の場合はどうだろうか？

大西洋の場合、特に北部の亜熱帯海域の水はとても塩辛く、濃度は三・七九パーセントにもなる。

一方、太平洋の（深海部の）場合は大西洋に比べて塩分濃度が低く、平均よりも低い三・四パーセントとなっている。

なぜ塩分濃度にこのような差が出るのかというと、雨の降水量や河川からの流れ込み、海水の蒸発具合が関係しているようだ。

つまり、雨があまり降らなかったり、河川から海へ水があまり流入しない場所では海水の塩分濃度が高くなり、逆に、降水量がたくさんあり、河川から大量に淡水が流入する場所では海水の塩分濃度が低くなるということである。

特に塩分濃度が高いのは紅海《こうかい》やペルシャ湾で、なんと平均を大きく上回って四・二パーセント以上にもなるという。

なお、塩分濃度がもっとも低い海域は北極海や南極海で、氷が溶けたり、海水の蒸発があまり起こらないことによるものと推測される。

このように、海の塩分濃度を調べてみると、気候と大いに関係していることがわかるのである。

日光の「三猿」、その前後にあるストーリーとは？

多くの動物や人物、不思議な力を持つとされる霊獣《れいじゅう》などの彫刻でびっしりと埋められている陽明門《ようめいもん》で有名な、日光東照宮《にっこうとうしょうぐう》（栃木県日光市）。世界遺産には、日光東照宮のほか、輪王寺《りんのうじ》、二荒山《ふたらさん》神社の二社一寺に属する一〇三の建物や周辺の景観遺跡が登録されている。

また、平成二九（二〇一七）年三月には、寛永《かんえい》時代の装飾技法によって、東照宮の陽明門は「昭和の大修理」以来四四年ぶりに本来の輝きを取り戻した。

日光東照宮において、陽明門のほかに有名な場所が「三猿《さんざる》」である。

あの、「見ざる・言わざる・聞かざる」で知られる三匹の猿の彫刻だ。

三猿は、日光東照宮の表門をくぐって間もなく左にある神厩《しんきゅう》の上部に彫られている彫刻だが、実は三猿は八面にわたって彫られている場面の一つで、その前後には別の話があるのである。

この八つの場面は、猿がモチーフとなっているものの、本当は「人の一生」を表しているとされている。

たとえば、いちばんはじめの場面は、母猿と子どもが描かれているのだが、手をかざして遠くを見ているように見える母猿は、物理的に遠くを見ているのではなく、子どもの将来を見ているとされているし、第四の場面に描かれている猿が空のほうを見ているのは、希望を胸に抱いている比喩《ひゆ》とされる、といった具合だ。

その他、仲間どうしで励まし合う場面や、結婚に向けたプロポーズをしようとしている場面、妊娠した母猿の場面などが描かれ、やがて物語ははじめの場面に戻っていく。

日光東照宮の神厩を訪れた際には、三猿のみならず、ぜひ八つの場面をすべて眺《なが》めていただきたい。

江戸時代は誰でも医者になれたって、ホント？

現在、医師（医者）になるためには医師免許を取得していなければならない。

医師免許を取得するためには医学部のある大学や医科大学に進学し、六年かけて必要な知識を学び、それらの大学を卒業したか卒業見込みの人のみに医師国家試験の受験資格が与えられて、無事に合格すれば晴れて医師になることができる。

令和三（二〇二一）年二月に行なわれた第一一五回医師国家試験の合格率は全体で九一・四％というから、約九割の合格率である（受験者数九九一〇人に対し、合格者数は九〇五八人）。この合格率の九割という数字は毎年変わらない値であるらしく、つまりは大学で六年間みっちり勉強すれば医師になる確率が極めて高くなるといえる。

さて、現代における医師への道はこのようなものだが、官制の医学校を除き、実は明治になるまで医師の国家試験に相当するものはなかった。つまり、原則として誰でも医師になることができたのである。

なかには医学の知識が豊富な名医もいたかもしれないが、旗本《はたもと》や商家の旦那をパトロンとし、金を引き出させて生活費として医師の看板を掲げる者もいたとされる。落語や川柳《せんりゅう》には、藪《やぶ》医者にもなることすらできない者として「筍《たけのこ》医者」と称されることがあるが、玉石混淆《ぎょくせきこんこう》入り乱れていたのが江戸時代の医師だったのではないだろうか。

江戸時代、医師は朝廷医（御所所属）、官医（幕府専属）、藩医（各藩専属）、町医（開業医）の四つに大別されたが、初期の医師には漢学の知識が豊富な僧侶が就くことが少なくなかったという。

江戸時代の医師のなかに頭を剃《そ》った人物が見受けられるのはこのことによるもの

なのだろうが、実はこれには異説もあり、医師が高い身分になるときには僧侶の位をもらうのが習わしだったことから、剃髪《ていはつ》して僧侶のような格好になった人物もいたという。

なお、江戸時代の医師には頭髪を剃らず、総髪《そうはつ》（髪の毛をすべて後ろになでつけて垂れ下げたもの）や束髪《そくはつ》（髪の毛を束《たば》ねて結うこと）をしている者もいたが、束髪の起源は江戸中期の名医・後藤艮山《ごとうこんざん》であるとか。

「粛々」はいつから政治家の口癖になったのか？

「その事案に関しては、シュクシュクと進めて参りたいと思います」

最近の政治家たちは、記者会見やインタビューなどで「シュクシュク」という言葉を用いて、その後の政治姿勢を明らかにする。

さて、この「シュクシュク」という言葉。

なぜ、政治家の「口癖」になったのだろうか？

シュクシュクを漢字で書くと「粛々」となるが、『広辞苑《こうじえん》』によれば「つつしむさま」「静かにひっそりとしたさま」「ひきしまったさま」「おごそかなさま」などが本来の意味するところとなる。

ところが、昨今の政治家によって、世論や対立する政党の反対や批判を押し切って物事を進めるときなどに多用されることになった。

つまり、静かにひっそりと物事を進めるという本来の言葉の意味に、「問答無用《もんどうむよう》」な雰囲気がそこに加えられているのである。

では、なぜ粛々という言葉にこのような意味が加えられることになったのか？

円満字二郎『政治家はなぜ「粛々」を好むのか』（新潮社）によると、粛々という言葉は古い時代の中国で「鳥の羽音や北風が吹きつける音を表すことば」として使われていたという。

そして、時代が下り、江戸後期の文人・頼山陽《らいさんよう》の「不識庵《ふしきあん》、機山《きざん》を撃つの図に題す」という詩において「鞭声《べんせい》粛々　夜　河を渡る」とうたわれたことによって、粛々という意味に、積年の思いをぶつけるというような意味合いが帯びていったようだ。

不識庵とは上杉謙信《うえすぎけんしん》、機山とは武田信玄《たけだしんげん》を指す。つまり、頼山陽のこの詩は川中島《かわなかじま》の合戦をうたったもので、謙信が信玄を討つ様子に、ひっそりとおごそかに、かつ、この一戦にかける思いが加味されるようになったというのだ。

また、同氏によれば、「この詩は、ほんの数十年前までは、いっぱしの文化人を気取る者ならだれでも知っている、頼山陽の代表作であった」とのことで、昔の政治家もこの詩をそらんじていた可能性は高い。

だからこそ、「粛々」という言葉には「ある組織なり集団が、秩序を保っていることを遂行《すいこう》していく」という意味合いを帯びることになったようである。

なお、作家・司馬遼太郎によると、政治家が「粛々」という言葉を現在の意味合いで使いはじめたのは元首相・竹下登の時代からだというから、いますぐ政治家がこの言葉を使わないようになるとは思えない。

現在の大阪城は秀吉が建てたものではない？

大阪観光の目玉の一つ、「大阪城」。

住所は、建物が大阪市の中心であることを指し示すかのように、「大阪市中央区大阪城一番一号」となっている。

大阪城は「太閤《たいこう》・豊臣秀吉《とよとみひでよし》の築いた城郭である」と日本史で学んでいることから、その言い方について異論はないが、異なる角度から見てみると、誤解であるともいえる。

というのも、現在の大阪城に関して述べれば、秀吉が建てたものではなく、徳川《とくがわ》幕府《ばくふ》によって築かれた建物だからだ。

つまり、「現在の大阪城は秀吉ではなく、徳川家が建てたもの」といえるのだ。

天正《てんしょう》一一（一五八三）年、石山本願寺《いしやまほんがんじ》跡に秀吉によって普請《ふしん》が開始された大坂城は、一五年の歳月をかけて仕上げられ、「三国無双《さんごくむそう》の城」と称《たた》えられるほど壮麗《そうれい》な城であった。

ところが、大坂夏の陣（一六一五年）で徳川家に廃墟同然にされ、その後、家康《いえやす》の孫・松平忠明《まつだいらただあきら》に与えられる。

やがて大坂は幕府の直轄領《ちょっかつ》となり、元和《げんな》六（一六二〇）年、二代将軍・徳川秀《ひで》忠《ただ》により大坂城の再築工事がはじまり、三代将軍・徳川家光《いえみつ》の治世に完成を見ることとなった。

秀忠はこのとき、普請総奉行に選ばれた藤堂高虎《とうどうたかとら》に向かって「石垣を旧城の二倍に、堀の深さも二倍にせよ」と命じたと伝わる。

戦国時代を終焉《しゅうえん》に導いた豊臣家を凌《しの》ぐ存在でありたいとする徳川家の決意が、秀忠の言葉から読み取ることができる。

大坂城の普請は、徳川家が多くの大名を統括しはじめた時期にあたることから、各大名は競って堅牢《けんろう》・美麗《びれい》に石垣を仕上げ、また、当時の完成された築城技術により、極めて高度な技術が集められた城となった。

結果的に、現在の大阪城は、初代の大坂城が築かれていた地盤を覆《おお》い隠すように盛られた強固な地盤の上に建てられ、その大きさも外観五層、内部六階に達し、当時の高さは約五九メートルにおよんだと伝わる。

なお、旧大坂城はというと、昭和三四（一九五九）年と昭和五九（一九八四）年の調査によって秀吉時代の石垣が地中に埋まっていることが明らかとなり、現在では大阪市が、地中に埋もれている初代大坂城の石垣を掘り起こして公開する「豊臣石垣公開プロジェクト」に取り組んでいる。

同プロジェクトは、石垣を間近で見ることができる施設の建設をめざし、広く寄付を募って施設が築かれれば、四〇〇年余地下に眠り続けていた石垣を目の前で体感することが可能となる。

ニトリの社長は似鳥さん、ではカシオの社長は？

「マツモトキヨシ」というドラッグストア・チェーンの創業者が松本清《まつもときよし》氏であることはよく知られるところだが、創業者の名前が用いられている企業名はまだまだたくさんある。

世界的に有名な自動車メーカーの「トヨタ」「ホンダ」は除くとして、現在、飛ぶ鳥を落とす勢いのインテリア小売業の「ニトリ」の企業名は創業者の似鳥昭雄《にとりあきお》氏から取られたものだ。

電卓や時計などを扱う電機メーカーの「カシオ計算機」のカシオとは、創業したのが「樫尾《かしお》四兄弟」であることによる。

なお、カシオ計算機の通称はローマ字名をそのまま使った「KASHIO」ではなく「CASIO」だが、それははじめから同社が目指していたマーケットが日本だけではなく世界をも見据えていたことによるという。

その他、世界一のタイヤメーカー「ブリヂストン」の創業者は石橋正二郎《いしばししょうじろう》氏で（社名は、石〈＝ストーン〉と橋〈ブリッジ〉を組み合わせたもの）、東海地方の有名なラーメン屋チェーン「スガキヤ（旧社名は「寿がきや」）の創業者は菅木《すがき》一族などとなっている。

ちなみに、世界の企業では、アメリカのパソコンメーカーのデルの創業者はマイケル・デルで、同じくパソコンメーカーのヒューレット・パッカードの創業者はウイリアム・ヒューレットとデヴィッド・パッカード、製薬・ヘルスケア関連商品製品を取り扱う世界的な企業ジョンソン・エンド・ジョンソンの創業者はロバート・ウッド・ジョンソン、ジェームス・ウッド・ジョンソン、エドワード・ミード・ジョンソンの「ジョンソン三兄弟」となっている。

内定と内々定は、いったいどこがどう違う？

学生の就職活動における最終目標は、企業からの「内定」を勝ち取ることである。

一方、中途採用の就職活動では企業から「内々定」が出されることもあるが、それでは、「内定」と「内々定」ではいったいどこがどう違うのだろうか？

言葉が似通っているので、両者の持つ意味にそれほどの違いはないように思えるが、法的にはまったく異なる。

簡単に述べれば、実は、内定は正式な労働契約で、内々定は正式な労働契約ではないのである。

内定の正式な名称は「始期付解約権留保付労働契約」といい、新卒で就業する場合は学校を卒業したあとを始期とし、中途採用の場合はいわゆる採用通知と同義である。

また、内定は企業側と求職者側の双方の承諾が必要で、企業が「内定取り消し（＝解約権）」をすることは求職者が解雇されたことと同じことになる。

一方、内々定とは企業側からの単なる「採用予定通知」で、労働契約には至っていない状態である。

労働契約が結ばれる前段階の状態なので、拘束関係は発生しないのだ。

また、内々定の取り消しについて、判例では、企業側から恣意《しい》的に行なわれたことであっても、求職者からの損害賠償請求は認められず、法的には何ら問題がないということになっている。

つまり、内々定とは「あなたを採用すると思います」という口約束に似ているともいえる。求職者は、内々定をもらっても、内定をもらうまでは気を引き締めて頑張っていただきたい。

「四十肩」「五十肩」の本当の病名は何という？

シャツを着たり、髪を結《ゆ》ったりするときに軽く腕を上げたつもりが、いままで経験したことのない激しい痛みに襲われる、なんてことがある。

人生も中盤に差し掛かる頃、突然襲われるこのような病は、一般的に「四十肩」や「五十肩」などと呼ばれているが、実は正式な病名がちゃんとある。

それが、「肩関節周囲炎」という病名で、腕の筋肉の先端にある腱《けん》や、骨と腱板の間にある肩峰下滑液包《けんぽうかかつえきほう》が炎症を起こしたり、同所に石灰が沈着したりする場合に起こるとされているが、肩関節周囲炎は疾患群のことなので、肩関節の周囲に起こる炎症はすべてこの名称の病に包括されることになる。

定義はちょっと曖昧で、中高年に多く起こるが、医師による説明のなかにも実は「その原因は明らかにされていない」とするものもあるほどだ。

したがって、四十肩や五十肩を未然に十分に防ぐことは難しいともいえるが、普段から適度に肩関節を動かして、可動域を広くしておくことが必要であるようだ。

また、この疾患群はある日突然起こるものではなく、実は肩にちょっとした違和感があったり、しびれが見られたりするような前兆が起きていることがある。

このようなとき、無理のない範囲で肩関節をストレッチしたり、温めておくことが重要だとされる。

四十肩、五十肩という表現よりも、肩関節周囲炎という病名で認識しておけば、症状が起きたときに対する処置への気持ちも変わってくるのではないだろうか。

髪の「寝ぐせ」の原因、その意外な正体とは？

夜、寝る前にきちんと髪を乾かしたはずなのに、翌朝目覚めてみると寝ぐせがついていた、ということはままある。

トリートメントをして、ドライヤーでしっかり髪を乾かしたとしても、朝になるとはねていることも少なくない。

さて、「寝ぐせ」の原因とはいったい何なのだろうか？

髪が形を変える原因は、大きく分けて二種類ある。

水に濡れて変わる「水素結合」と、パーマ液などの薬品で変わる「化学結合」の二つだ。

そして、普段わたしたちが毎晩経験するのは、前者である水素結合である。

つまり、水素の結合が切れた状態（＝髪が水に濡れている状態）で寝てしまうため、その後、髪が乾く瞬間に新たに水素の結合が起こり、枕や敷き布団に押し付けられた髪に寝ぐせがついてしまうというわけである。

では、寝ぐせを避けるにはどのようにすればよいのだろうか？

普段の寝ぐせの原因が水素結合であるのだから、「シャンプーしたあとに髪をしっかりと乾かす」ことがまずは大切である。

ドライヤーを使用するときは、髪の根元に指を入れながら温風を入れたり、髪のダメージを少なくするために温風と冷風を交互に切り替えながら行なうことが有効で、できるだけ風量の大きなドライヤーを使うことも髪を完全に乾かすことに役立つ。

ところが、髪をしっかりと乾かしたつもりでいても、寝汗を比較的多くかく人はその水分が髪を湿らせてしまう要因の一つになる場合もあるので、できるだけ寝汗をかかないような工夫も必要という。

寝汗をたくさんかくようであれば、たとえば首にタオルを巻いたりして汗を吸収させるとよいようだ。

なお、一般的な美容師の意見にならえば、朝の寝ぐせ直しには、毛先を濡らして整えるのではなく、根元からしっかりと濡らしてからブローするとよいそうだ。

実は、一級河川よりも二級河川のほうが少ない？

電車で鉄橋を渡るときや車で橋を越えるとき、「一級河川　○○川」と書かれた看板を見かけることがある。

「一級河川」なのだから、さぞかし大きくて優れた河川なのだろうと思いきや、川幅が小さかったり、ちょっと汚れている川だったりすることもある。

これはいったい、どういうことなのだろうか？

一級河川という冠《かんむり》がついているからといって、「美しくて大きな川」であるとは限らない。

実は、国土交通省の説明によると、「一級水系に係る河川のうち河川法による管理を行う必要があり、国土交通大臣が指定（区間を限定）した河川が『一級河川』なのである。

河川は、上流部から小さな河川が合流して大きな河川となっていく。

これら一群の河川を合わせた単位を「水系」と呼ぶが、「一級水系」とは、昭和四〇（一九六五）年に施行された河川法によって、国土保全上または国民経済上、特に重要な水系として政令で指定されたものを指す。

平成一七（二〇〇五）年四月末現在、一級水系として指定されているのは一〇九水系で、なんと一級河川は一万三九九四あるのだ。

一方、一級水系以外の水系で、都道府県知事が指定（区間を限定）した河川である「二級河川」は七〇九〇しかない。

つまり、一級河川よりも二級河川のほうが少ないのである。

「国土保全上」とは、同省によれば「洪水、高潮《たかしお》等の災害が発生した場合に想定される人命、財産等の被害が大きく、この防止が国家的な見知から治水上重要であること」を意味し、「国民経済上」とは、「上水道、工業用水道、灌漑《かんがい》、発電など河川の利用の影響度が一地方の経済にとどまらず、国家的に見て大きいものであること」を意味している。

上水道などに利用され、また、大規模な氾濫《はんらん》が起こるときは対処が必要な、日本国民にとって色々な意味で重要な河川に通ずる河川が一級河川と呼ばれる、と理解すればわかりやすいだろうか。

なお、河川には、市町村長が指定する「準用河川」という分類もある。こちらは一級河川と比肩《ひけん》する一万四三一四河川が指定されている。

ちなみに、一級河川と二級河川は水系が異なるので、一級河川と二級河川が併存することはない。

ラーメンの「丼」に描かれたおなじみの模様の意味は？

現在も衰えることを知らない「ラーメンブーム」。

新横浜ラーメン博物館の説明によると、現在に続くラーメンブームの走りは平成八（一九九六）年からだという。

この年の前後、「麺屋武蔵《めんやむさし》」（青山）、「青葉《あおば》」（中野）、「くじら軒《けん》」（横浜）など、ラーメンファンのみならず広く人びとの耳にその店名が届き、それらの店を追うフォロワーが数多く生まれ、ラーメン屋が多様化していった。

だが、町中の「中華そば屋」も変わらず健在で、そんな店では昔ながらの「丼《どんぶり》」でラーメンが提供されている。なんだかホッとする瞬間だ。

さて、主に中華そば屋で供されるラーメン用の丼には、典型的な模様が四種類あるのだが、それぞれの意味はおわかりだろうか？

その四種類とは、「雷文《らいもん》」「龍《りゅう》」「鳳凰《ほうおう》」「双喜文《そうきもん》」である。

雷文は、ラーメン丼の代表ともいえる模様で、自然界の脅威の象徴とみなされる雷《かみなり》を表したもの。中国が起源で、殷《いん》や周《しゅう》の時代の青銅器などに多く彫られていたという。

龍は、中国で古来より崇《あが》められていた想像上の動物で、天帝《てんてい》の使者を表す。そのため、原則として皇帝以外は使用することが認められず、臣下《しんか》が用いる場合は爪《つめ》を四つにして、皇帝用の五本の爪と区別したという。

鳳凰も龍と同様、想像上の動物で、こちらは鳥。「鳳」はオス、「凰」はメスを表し、仏教とともに日本へ伝来したとされる。また、瑞祥文様《ずいしょうもんよう》として使用されている。

双喜文は、「喜」を二つ並べたデザインで、字のごとく「喜びが二つ繋《つな》がる」という意味がある。また、新郎新婦が並んでいる姿を模したともいわれ、誠におめでたい文様である。

このように、ラーメン用の丼の模様は実にありがたみにあふれている。たかが丼と侮《あなど》るなかれ。そこには吉祥《きっしょう》が、たっぷりと詰まっているのである。

電車内で痴漢に間違えられたら、どうするのが一番か？

朝の通勤・通学ラッシュの電車をよく利用する男性がもっとも気をつけなければならないのが、「痴漢《ちかん》に間違われること」だろう。

痴漢に間違われたと思われる男性が線路に降り、そのまま線路を走って逃げたり、線路脇のフェンスを乗り越えて駅の外へ逃走するということが起きているが、死亡事故も発生しており、このようなことはぜひともやめていただきたい。

では、万が一自分が痴漢をしたと怪しまれてしまった場合は、どうすればよいのだろうか？

以前は、自分がやましいことをしていないのならば、その場から逃げるほうが得策だといわれてきたが、現在ではこのような行動をとるのはよくないこととされている。

簡単にポイントを挙げると、「とにかく、逃げない」ことと、「駅の事務所へは極力行かない」ことが重要だという弁護士は少なくない。

駅のホームから逃げようとすると、他の乗客に接触したりして別の事件を引き起こす可能性もあるし、駅員や被害者の女性への心象も悪くなる。そこで、もしも痴漢に疑われ、駅のホームで話し合いをする場合は、名刺など身分を証明するものを相手に渡し、逃げも隠れもしないことをアピールすることが大切だという。

そして、駅の事務所へ行くことは極力控えること。事務所へ行くと、間違いなく警察に引き渡されてしまい、弁護士もなかへ入ることはできなくなる。警察官が「この人が暴れるから、ここ（事務所）へ連れてきました」と駅員から聞かされれば、男性が反論することも難しくなってくるのだ。

とにかく、痴漢を疑われたらこの二点を実行し、その他、自分が痴漢に疑われていることを周りにアピールして目撃者・証言者を募《つの》ったり、被害に遭《あ》った人の意見を先に述べさせたり、その場の言い合いをスマホなどで録音することも、自身の冤《えん》罪《ざい》を証明する手立てとなるようだ。

なお、被害者よりも自分が先に状況を説明しようとすると、被害者がそれに合わせる形で述べることもあるそうなので、相手に先に述べさせることが重要なのだ。

浦賀に来航したペリーは、いったい何語で開国を迫った？

嘉永《かえい》六年六月三日（一八五三年七月八日）、浦賀《うらが》沖に大きな船が姿を現した。ペリー司令長官率いるアメリカ東インド艦隊、通称「黒船」の一団だ。

この出来事が、長く諸外国に門戸《もんこ》を閉ざしてきた日本の扉を開けるきっかけとなるのだが、ここで一つ、単純な疑問が頭をよぎる。

ペリーたちと日本側の役人たちは、いったい何語で会話をしたのだろうか？

先に述べれば、日本側からは「日本語→オランダ語→英語」という順番でペリー側と話し、ペリー側からはそれとは逆に「英語→オランダ語→日本語」という順番で意思を伝えたとされる。

つまり、日本語、オランダ語、英語が主に使われたということだ。

アメリカ側の記録によると、ペリー艦隊の旗艦《きかん》・サスケハナ号に近寄った二人の役人（オランダ通詞《つうし》〈通訳〉の堀達之助《ほりたつのすけ》と与力《よりき》の中島三郎助《なかじまさぶろうすけ》）がはじめて叫んだ言葉は、このようなものであったという。

「I can speak Dutch!（私はオランダ語が話せる！）」

幕府は当初、アメリカから帰国していたジョン万次郎《まんじろう》を英語の通訳にしようとしていたが、万次郎は日本語の読み書きが堪能《たんのう》ではなく、アメリカに加担するのではないかと幕府に疑われたため、その職に就くことはなかった。

また、アメリカ側が日本語を用いてくることはおそらくないし、残るはオランダ語の確率がもっとも高いであろうということで、浦賀奉行所にオランダ語通詞を補強することになったのだという。

一方、アメリカ側も、それまでの清朝《しんちょう》（中国）との交渉の経験から、もしも日本に英語が通じなかったならば交渉が不可能になる恐れがあると懸念していたため、事前の情報（日本が長崎に多くのオランダ語通詞を置いているということ）から、オランダ語を選択肢として採用したのだった。

なお、来日から六日後、ペリーが浦賀奉行に手渡したアメリカ大統領の国書には、漢文に訳されたものもつけられていた。

これは、中国語通訳兼顧問の肩書きでペリーに同行することになった宣教師・ウィリアムズによるもの。ウィリアムズは中国に長く滞在し、一時期日本語を習った経験もあったため通訳として抜擢《ばってき》されたのだが、日本語を習ったのは一〇年以上前のことで、十分な読み書きもできない、と依頼を固辞《こじ》する。

だが、「中国語には自信があるか」とペリーから再度依頼されたため、同行することになったのだという。

3章

もう会話が途切れない！

イザというときの雑学

体操の選手の名前が技につけられる基準とは？

ツカハラ、ヤマワキ、グシケン、モリスエ、カサマツ……。

これらの人名がいったい何を表しているものなのか、おわかりだろうか？

正解は、「日本人の選手名がつけられた体操の技」である。

ここには挙げられていないが、もっとも有名なのはリオデジャネイロ・オリンピックの男子跳馬《ちょうば》で銅メダルを獲得した白井健三選手のもので、二十歳（平成二九年四月当時）という若さにもかかわらず、自身の名前がつく技は床《ゆか》運動で三つ、跳馬で三つの計六つもあった。

床運動は「シライ／グエン」（後方宙返り四回ひねり）、「シライ2」（前方宙返り三回ひねり）、「シライ3」（後方伸身二回宙返り三回ひねり）、跳馬は「シライ／キム・ヒフン」（伸身ユルチェンコとび三回ひねり）、「シライ2」（伸身ユルチェンコとび三回半ひねり）、「シライ3」（シェルボ二回ひねり）がある。

もっとも新しかったのは跳馬のシライ3で、二〇一七年二月の種目別ワールドカップ・メルボルン大会での成功によるものである。

では、どうしたら体操の技の名前に選手名が冠《かん》されるようになるのだろうか？

選手名が技の名前となるには、オリンピックや世界選手権などの主要国際大会ではじめて成功させることが条件で、その後、過去の国際大会で成功例がないことが国際体操連盟の技術委員会によって確認されると、正式に技の名前として採用されることになるようだ。

ちなみに、新たな技を披露するときは、大会中にいきなり行なってもダメで、事前に新技を申請することが必要である。

トートバッグは、そもそも氷を運ぶために作られたって、知ってる？

丈夫なキャンバス地でつくられ、上部のみがバッグの開口部となっている「トートバッグ」。

現在では、ナイロンなどの軽くて携帯に便利な素材でつくられたものもあり、スーパーでの買い物に役立つエコバッグとしても使われることがある。

ビジネスシーンでも用いられることがあるこのトートバッグだが、実は氷を運搬するためのバッグとして製造されたものだ。

その起源はいまから七〇年以上前の一九四四年のこと。アメリカのアウトドアのブランドであるL.L.Beanが、氷のブロックを運ぶためのバッグとして、開口部が大きいキャンバス地のものを考案したのだ。そのため、このバッグは当初「Bean's Ice Carrier」(ビーンズ・アイス・キャリアー。直訳すると「氷を運ぶバッグ」)としてカタログで紹介されていたそうだ。

この時代、いまのような電気冷蔵庫はまだなかった。そのため、当時は電気冷蔵庫の代わりに、木製の箱の上段に氷を入れて物を冷やしていたのだが、L.L.Beanの故郷であるメイン州では、冬季に湖が凍るため、そこから切り出した氷を貯氷庫で保存し、夏季に小さく切り出して売られていた。

その、販売用の氷を家まで運ぶためのものとしてキャンバス地でバッグがつくられていたが、それが「Bean's Ice Carrier」となったのであった。

24オンスという厚手の頑丈《がんじょう》な素材は、たとえ氷が溶けたとしても簡単に水が外へ滲《にじ》み出るものではなかったため、評判を呼び、暖炉用の薪《たきぎ》や、野菜など、氷のブロック以外も運ぶようになったため、一九六五年には「Bean's Boat & Tote Bag（ビーンズ・ボート・アンド・トート・バッグ）」の名前で再登場。現在でも根強い人気を誇っている。

後者の「ボート・アンド・トート」のボートは「乗り物のボート」、トートは「〜を（担《かつ》いで）運ぶ」という意味。ボートに乗るときに、必要な荷物を詰め込んでどこへでも持ち運ぶことができる、という意味合いが含まれている。

なお、同社から販売されているトートバッグの素材には、当時のままの24オンスの厚手のキャンバスが使用されている。

ちなみに、リーバイスのジーンズの起源は、ホロやテント用のキャンバス地でつくられたズボンにあり、それに害虫に強いとされるインディゴを染料として使ったことによるという。

いままで地球上に生まれてきたヒトの数は、なんと一〇七六億人？

「これまで地球上に生まれてきたヒトの総数」が発表されたことがある。

この数値は、アメリカのNPOである人口調査局（Population Reference Bureau）によるもので、その数は、約一〇七六億人であった。

現在までに何人のヒトが生まれてきたのかという問いについては、ヒトの発祥をいつに設定するのか、（人類）ある時代の死亡率をどう考えたらよいのかといったことを鑑《かんが》みなければならないが、同局によれば、ヒトの発祥の年代は紀元前五万年のことで、その時代に二人の男女がいて子孫をつくっていったという設定になっているところが興味深い。

そして、人口の推移を、紀元前八〇〇〇年には五〇〇万人、紀元一年には三億人、一二〇〇年には四億五〇〇〇万人、一六五〇年には五億人、一七五〇年には七億九五〇〇万人、一八五〇年には一二億六五〇〇万人、一九〇〇年には一六億五六〇〇万人などとし、これに、一〇〇〇人あたりの出生率や、一つ前の年代からの総出生数などを掛け合わせると、先述の数値になるのだという。

この数値からは、一六五〇年から一七五〇年の一世紀で二億九五〇〇万人も増えたということがわかる。

一二〇〇年から一六五〇年の四世紀半で五〇〇〇万人しか増えていないことから

考えると、前者の時代に産業革命が起こったことが、人口が爆発的に増えた要因の一つになったと考えることは容易だろう。

なお、二〇二一年現在の世界の人口は約七八億七五〇〇万人とされているので、この一世紀余で世界の人口は約四・八倍にもなったということができる。

「言う」の正しい発音は「ユー」と「イウ」のどっち？

「言う」という動詞があるが、この言葉の正しい発音は「ユー」と「イウ」のどちらだろうか？

ごく簡単に述べれば、「現代仮名遣《かなづか》い」において採用されているものにしたがえば、「言う」の発音は「イウ」ではなく、「ユー」だ。

現代仮名遣いとは、国語審議会会長から文部大臣に答申された「現代仮名遣い」の案が政府に採用され、「一般の社会生活において現代の国語を書き表すための仮名遣いのよりどころ」として、昭和六一（一九八六）年七月一日に内閣告示第一号をもって告示されたものである。

とりあえず、日本政府によって認められている「日本語の基本」といえよう。

さて、この現代仮名遣いのなかに「現代語の音韻《おんいん》」という表があるのだが、そこには「言う」の発音として「ユー」が採用されている。

「ユー」という発音を持つものとして、「勇気」や「遊戯《ゆうぎ》」「郵便」なども説明されているが、確かにこれらの言葉を発音するときには「ユウキ」「ユウギ」「ユウビン」と、わざわざ「ウ」と発音せずに「ユーキ」「ユーギ」「ユービン」という場合が少なくない。

「言う」という言葉の発音も、それらと同類というわけである。

では、なぜ「言う」は「ユー」と発音されるのだろうか?

たとえば、野菜の「キュウリ」を例として挙げてみよう。

キュウリは、実は江戸時代まで「キウリ」と発音されていたというが、キウリ(kiuri)のように、母音《ぼいん》が二つ連続しているときはそれらが一つにまとまることがある。

これを「母音融合」と呼ぶが、kiuri の「iu」(イウ)が母音融合によって「iu:」(ユー)となり、「キューリ(=キュウリ)」となったようである。

個人経営の八百屋で、キュウリの表記方法でまれに「キューリ」と書かれているのを見かけることもある。

ただし、「言う」を必ず「ユー」と発音しなければならないということはなく、発音方法は各個人の好きな方法で構わない。

基準となる「現代仮名遣い」では、広く世間に認知されているものとして「ユー」と掲載されているにすぎないと考えるべきだろう。

ピカソ自身も覚えられなかった本名、その長さとは？

スペインが生んだ二〇世紀最大の芸術家パブロ・ピカソ。

バルセロナの美術学校やマドリードの王立美術学校で学んだのち、一九〇〇年にパリを訪れて以降、フランスを活動の場とした。

画家・ロートレックからの影響下、貧しい人びとを青い色調で描く「青の時代」を皮切りに、数々の変遷期を経た。

ピカソは九十一年という長い生涯にわたって表現活動を続けたが、彼は死ぬ間際までその創作意欲を失うことはなかった。

ピカソは生前、よくこんな言葉を述べていたと伝わる。

「絵画に終わりはない。（中略）それはたいてい何ものかによって中断させられるだけなのだ」

ピカソは一般的に「パブロ・ピカソ」と呼ばれているが、実は彼の本名はとても長い。

「パブロ・ディエゴ・ホセ・フランシスコ・デ・パウラ・ファン・ネポムセーノ・マリーア・デ・ロス・レメディオス・シプリアーノ・デ・ラ・サンティシマ・トリニダード・ルイス・イ・ピカソ」というのが、彼の本当の名前である。

キリスト教徒がつける洗礼名のためにこれほど長い名前になったのだが、一説によると、ピカソは自身の本名が長すぎて覚えきれなかったそうである。

最後につけられている「ルイス・イ・ピカソ」は、ルイスが父親、ピカソが母親の姓で、スペインでは名前の最後に自動的につけられるという（イは「～と」の意味。英語の and に相当する）。

本来ならば父親の姓であるルイスを名乗るところだろうが、彼の故郷ではありふれた姓だったことから、ピカソと称するようになった。

バンコクや『ロビンソン漂流記』も実は、超長い名前！

ピカソの本名が出たところで、ほかにもある「長い名前」を二つ挙げてみよう。

東南アジアの国・タイの首都・バンコクの本当の名前がとても長いものだというのは、ご存じの方もおられるかもしれない。

「クルンテープ・プラマハーナコーン・アモーンラッタナコーシン・マヒンタラーユッタヤー・マハーディロックポップ・ノッパラット・ラーチャタニーブリーロム・ウドムラーチャニウェートマハーサターン・アモーンピマーン・アワターンサティット・サッカタッティヤウィサヌカムプラシット」が正式名称で、ふつう、タイ人は正式名称の最初の部分である「クルンテープ」（「天使の都」の意味）を首都名として用いている。

首都にクルンテープという名前をつけたのはラーマ一世（在位一七八二〜一八〇九）で、乱世を鎮《しず》めて新たな都を築いた彼が、新都に対する思いをつらつらと綴《つづ》った歌（詩）が長い首都名のもとになっているそうだ。

外国ではバンコクという呼び名が定着しているが、バンコクとは「バーンマコーク」というウルシ科のアムラタマゴノキという木の呼称がなまって「バーンコーク」となり、「バンコク」と縮まったものである。

一方、文学の世界にも正式名称の長いものがある。

それが、イギリスの小説家ダニエル・デフォー作の『ロビンソン漂流記』（『ロビンソン・クルーソー』とも）である。

実は、同書の初版のタイトルは『自分以外の全員が犠牲になった難破《なんぱ》で岸辺に投げ出され、アメリカの浜辺、オルーノクという大河の河口近くの無人島で二八年もたった一人で暮らし、最後には奇跡的に海賊船に助けられたヨーク出身の船乗りロビンソン・クルーソーの生涯と不思議で驚きに満ちた冒険についての記述』という。

書くだけでも疲れるほど長いこのタイトルだが、中身がすぐわかって親切といえば親切だ。

なお、当時、ロビンソン・クルーソーという人物があたかも存在し、彼が自ら書いた自伝という触れ込みであったが、実際はデフォーが、スコットランドの航海長アレクサンダー・セルカークが体験した遭難および四年四か月にわたる壮絶なサバイバル経験を下敷きにして書き上げたフィクションであった。

棒高跳びのあの長いポールはどうやって試合会場へ運ぶのか？

「鳥人」の異名を持つ元世界記録保持者セルゲイ・ブブカや、女性選手には不可能といわれてきた五メートルの壁をはじめて突破したエレーナ・イシンバエワなど、世界的に有名な選手を輩出してきた陸上競技における跳躍競技の一つが、「棒高跳び」である。

棒高跳びは、ポール（棒）を持って一定の距離を助走し、ポールを支えにしてバー（横木）を飛び越え、その高さを競うもの。

現在、ポールの材質はガラス繊維と合成樹脂でできている（シニア用のポールの値段は、一般的なもので八～一二万円程度）が、競技開始当初はヒッコリーなどの木の棒や竹も用いられていた。

一九〇〇年代に世界で注目されたのは折れにくく弾力性がある日本産の竹だったが、第二次世界大戦の影響により日本から世界へ竹の輸出がストップすると、外国ではその代わりにスチール製のポールがよく使われたという。

ポールの太さや長さなどに規定はなく、自由だ。

さて、棒高跳びのポールは、シニアの選手では四～五メートルもの長さになるが、試合会場まではどうやって運んでいるのだろうか？

活動資金に余裕がある選手ならば大きな車両を用意して運べばよいのだが、そうはいっていられないため一般的な自家用車の屋根にポールケースを縛り付け、運んでいるそうだ。ただ、先述のように、ポールの長さは四～五メートルにもなり、車体の前後からポールがはみ出てしまうため、運転手のコーチや同乗する選手たちは、走行中は特に前後を走る車に気を配るという。

宅配便の会社にお願いしてポールを運んでもらうことももちろんある。

なお、海外遠征などで飛行機を利用する場合、航空会社の手荷物を預けるカウンターでは、ポールを手荷物搬送用のベルトコンベアに載せることができない。

そのため、特殊なサイズの荷物などに使われる、ソーティングエリアへまっすぐ続いている「直線ベルト」と呼ばれるベルトコンベアに載せられている。

長すぎるゆえ、棒高跳びのポールを持ち運ぶのは一苦労なのである。

五月病、実は日本にしかなかったって、ホント？

五月のゴールデンウイーク後に、なんとなく体調がすぐれない、会社や学校に行きたくない、仕事や勉強に集中できない……といった症状が出始めたら、それは「五月病」かもしれない。

五月病は病院で用いられている正式な病名ではなく、医学的には「適応障害」「うつ病」「パニック障害」「不眠症」などと診断されることがある。いわゆる五月病の原因としてもっとも多いのが適応障害だという。

さて、日本ではこの五月病という言葉は一般的だが、海外でも同じように、五月に憂《ゆう》うつになる人はいるのだろうか？

実は、五月病は日本独自の病であるという。それは、会社や学校が新年度を迎える時期が国によってまちまちであることがその理由の一つのようだ。

たとえば、アメリカでは学生の新学期は九月前後からはじまることが多いため、五月に憂うつになることはほとんどないだろうし、むしろ二週間ほどのクリスマス休暇明けの一月初旬に気分が落ち込む人が少なくないようだ。

なお、アメリカには「January blues」や「September blues」のように、クリスマス明けと夏休み明けのけだるさを言い表した言葉もあるし、「Blue Monday」（憂うつな月曜日）というよく使われる言葉がある。

一方、韓国では三月に新年度を迎えることから、その頃に憂うつになる人が多いらしい。その病気は現地では「春困症（チュンコンチュン）」と呼ばれている。春困症という言葉は、「春の陽気にウトウトして眠くなること」を指しているが、それが五月病の症状にも用いられていることのようである。

その他、スリランカやタイ、フィリピンなど、一年を通して比較的暖かい国の人は季節の変わり目に気分が落ち込むということは多くはないようだが、ブラジルの場合、例年二月下旬にある「リオのカーニバル」が終わった頃にいわゆる「カーニバルロス」に見舞われる人が多いそうだ。

五月病を予防するには、好きなことをしたり、好きなものを食べたりして、ストレスを溜めないことが効果的という。誰でもかかる可能性がある五月病とは、うまく付き合っていきたいものである。

我が家の名字は「鱒」、いったいなぜこんなことに？

かつて日本人には姓、つまり名字（苗字）がない人が少なくなかったが、明治八（一八七五）年に「平民苗字必称義務令」が出されたことにより、農民や町民は名字を強制的に名乗ることとなった。

ところが、先祖から受け継いだ家名を持っている人はよかったが、なかには家名がわからない人も多く、彼らは新しく名字を探さなければならなくなった。そして、現代に繋《つな》がるさまざまな名字が生まれることとなる（この頃生まれた新たな名字は「明治の新姓」と呼ばれる）。

さて、この時代に起こった名字にまつわる話で、特筆すべきものがある。

それが、愛媛県のとある場所で実際にあった話だ。なんと、一つの集落に住む人びと全員に奇想天外な名字をつけまくったという事件である。

場所は、南宇和《みなみうわ》郡内海《うちうみ》村網代《あじろ》（現在の愛南《あいなん》町）でのこと。

平民苗字必称義務令が出される数年前、新政府によって平民にも姓がつくことが布達されたのだが、庶民には無学文盲の者が多く、自分で姓を選ぶことができない。

そこで、地元の漁業の名士で、のちに宇和島運輸の社長となった浦和盛三郎に名付け親となってもらうべく頼みに行った。

盛三郎は彼らの願いを快諾したのだが、実は彼は茶目っ気たっぷりの性格の持ち主で、血気盛んな壮年時代のこと。そこで、盛三郎は彼らの姓のほとんどを、漁具、魚類、穀物、野菜の名からとったのである。

漁具の部では大敷《おおしき》、有請《ありうけ》など、魚類の部では岩志《いわし》、浜地《はまち》、福戸《ふくと》、鱒《ます》、平目《ひらめ》など、穀物や野菜の部では麦田《むぎた》、黍野《きびの》、粟野《あわの》、根深《ねぶか》などであった。

依頼したのは自分たちであり、相手が地元の名士であっては口を挟《はさ》むことなどできるはずがない。庶民たちからはいっさい反論がなされなかったため、盛三郎はそれらの姓をまとめて役所へ届け出たという。だが、明治七（一八七四）年、届け出先に新しい戸籍係が配属されたことによって、珍妙な姓がたくさんあることを疑問視され、「お前等の態度は不心得千万である。姓は子孫末代のものであることを知らないのか！」と関係者が呼び出されて諭《さと》され、訂正がなされたという。ただし、文句をいわなかった庶民の姓はそのままにされたそうだ。

その後、「鱒」という名字だった人びとは昭和三十年代になって「増井《ますい》」などと改名したそうだが、現在でも同地方には「鱒」の姓を持つ方が少なくないという。

「おぬしも悪よのぉ」のお代官様は、本当に悪人だったのか？

時代劇に登場する悪人の代表例が、「お代官様《だいかん》」である。

「代官」とは、中世においては主君の代わりとして事にあたった者の総称だが、時代ごとにその言葉に含まれる者は移り変わっており、江戸時代における代官とは、幕府・諸藩が直接支配する土地（直轄地。田畑・鉱山・交通の要衝《ようしょう》など）の治安や行政を司《つかさど》った地方官を指していた。わかりやすくいえば、江戸時代の代官とは、いまでいうところの「都道府県の知事」といったところだろうか。

幕府の代官は旗本《はたもと》のなかから選ばれたが、役高《やくだか》（給料）は一五〇〜二〇〇俵《ぴょう》と、旗本の役職としては高いものとはいえなかった。現在の年収でいえば、七〇〇〜八〇〇万円といったところだった。

ただ、幕府や大名の直轄地を受け持つ立場であったから、贈り物やいわゆる賄賂《わいろ》など、副収入といえるお金が懐《ふところ》に入ることもなくはなかった。そういう意味では、「おぬしも悪よのぉ」というセリフで商人と悪巧《わるだく》みをする代官のイメージも、あながち間違いとはいえないのだ。

だが、代官の立場は、幕府・大名と商人・農民との間にあることから、両者の板挟みになることも少なくなかったようで、火山の噴火のような大災害や天候不良による飢饉《ききん》が起きたとしても、年貢《ねんぐ》を無理矢理徴収しなければならないこともある。年貢の割合を増やさざるを得ない年もあっただろう。そうなると、特に農民からの反発は必至で、一揆《いっき》が発生する件数も増えることになり、対処に追われる日々が続く。先述のように、権力者側の役職ではあるが、ものすごく待遇のよい仕事でもない。

代官のなかには善政を敷いて庶民から慕われたり、何代にもわたって同じ家系が受け継いだ例もあるから、悪代官だけがいたわけではないが、代官は何とも気疲れのする役職だったに違いない。

一般人でも、被疑者を逮捕することができる瞬間って？

新聞やニュースなどで、たまにこのような記事が出されることがある。

「窃盗犯《せっとうはん》を取り押さえた大学生に感謝状が贈られた」

この場合、大学生は一般人（私人）だから警察官ではない。それなのに、犯人を「逮捕」できたのだという。

これはいったいどういうことなのだろうか？

刑事訴訟法の第二一三条には、このようにある。

「現行犯人は、何人《なにびと》でも、逮捕状なくしてこれを逮捕することができる」

「何人」とは、警察官を含むすべての人を指しているのは明らかだ。つまり、現行犯人ならば誰でも逮捕することが可能だということである。

だが、気をつけてほしい。

法律に「何人でも、逮捕状なくしてこれを逮捕することができる」と明文化されているとはいえ、条件があるのだ。

大まかに述べると、「犯人が現行犯・準現行犯人であること」と「軽度の犯罪の場合、犯人の住所・氏名が明らかでなく、犯人が逃走するおそれがあること」の二点が該当していないと、一般人が逮捕することができないのだ。

したがって、たとえば、一般人が指名手配犯を見つけた場合に逮捕することはできない。指名手配犯は、現にいま犯行を行なっている現行犯人ではないからだ。

また、信号無視をした歩行者を一般人が見咎《みとが》めて逮捕することもほぼ不可能。信号無視を犯した歩行者を逮捕できるのは、犯人の住所や氏名が明らかでなく、逃亡するおそれがある場合に限られる。

しかも、赤信号を無視した程度ではそもそも警察に受け付けてもらえない可能性が高く、その歩行者はせいぜい口頭で注意を受けるくらいであろう。

では、どういったときに一般人の逮捕が有効なのだろうか？

それは、目の前でひき逃げや飲酒運転などを目にした場合を思い浮かべるとわかりやすいかもしれない。

また、冒頭に述べたような、目の前で万引きやスリなどの窃盗が行なわれた場合も、現行犯人として逮捕することが可能だろう。

ただし、一般人が現行犯人を逮捕することができるとはいえ、誤認逮捕であった場合は何らかの責任を問われることがあるだろうし、逮捕時に力づくで取り押さえるなどすれば暴行罪に問われる可能性も捨てきれない。

一般人による逮捕は、このように簡単なことではない。もしも目の前でコトが起こっている場合は、その場で警察に通報するか、現行犯人を説得する方法を選ぶのが賢明だろう。

中尊寺の「中」とは、どことどこの間？

平泉《ひらいずみ》は、いまでこそ岩手県の小さな町にすぎないが、いまから約一千年前には京都に次いで全国二位の人口を誇る、いわば大都会であった。

その地に、藤原《ふじわら》氏によって浄土《じょうど》（仏の世界）を表す寺院が次々と建立される。なかでも、初代・藤原清衡《きよひら》が再興した中尊寺《ちゅうそんじ》が有名で、金箔《きんぱく》を貼って築かれた金色堂《こんじきどう》は、イタリアの旅行家マルコ・ポーロをして「中国の東に、宮殿や民家が黄金でできた『ジパング』という国がある」と錯覚させるほどきらびやかなものであった。

平成二三（二〇一一）年に世界遺産に登録され、一躍世界にその名が知られるようになった中尊寺だが、寺名をよくよく見てみると「中」という字が含まれている。

これはいったいどういうことなのだろうか？

実は、一言でいってしまえば、中尊寺という寺名は「東北地方の真ん中にある」からそのように名付けられたのだ。

平安時代、東北地方では、白河《しらかわ》の関《せき》（福島県・北緯三七度）から外《そと》ケ浜《はま》（青森県・北緯四一度）まで、一町《いっちょう》（約一〇九メートル）ごとに「笠卒塔婆《かさそとうば》」という供養塔《くようとう》が築かれていたのだが、その南北の中心点に一基の塔（北緯三九度）が築かれた。

その塔こそ、中尊寺の起源となるものであった。

つまり、中尊寺という寺名には、「東北地方の真ん中にある尊い寺」という意味合いが含まれていたのである。

世界遺産には、「平泉　仏国土《ぶっこくど》（浄土）を表す建築・庭園及び考古学的遺跡群」という名称で、中尊寺のほか、毛越寺《もうつうじ》、観自在王院跡《かんじざいおういんあと》、無量光院跡《むりょうこういんあと》、金鶏山《きんけいざん》が登録されている。

意外と知らない！大相撲の「取組」はどうやって決まるの？

大相撲中継を見ていて、一つ気になることがある。

本場所の力士の対戦相手は、誰が、どのようにして決めているのだろうか？

本場所の取組の作成は「取組編成要領」にしたがって行なわれ、「取組編成会議」で決められている（以下、幕内の場合）。

取組編成要領によれば、取組編成会議の構成委員は、審判部の部長（一名）、審判部の委員（二〇名以内）、監事（三名）とされ、行司も会議に出席するが、行司に発言権はなく、書記として決定した取組を書き留めることに限られるという。

初日と二日目の取組は、本場所がはじまる二日前に編成されている。三日目以降の取組に関しては、その前日に編成され、その日に発表されている。

つまり、初日の取組は本場所がはじまる日曜日の二日前の金曜日に発表されるということだ。

ただし、すでに編成されているとはいえ、二日目の取組を公にするのは本場所がはじまる前日の土曜日である。

そして、前述のように、三日目以降の取組については前日の午前中に取組編成会議が開かれ、すべての取組が決められているわけだから、力士は翌日の対戦相手を頭に入れながら当日の取組をしていることになる。

さて、取組を編成する基準だが、幕内と幕内、十両と十両という具合に、基本的には同じ段階の力士同士が対戦相手として結ばれる。

だが、下位の力士の成績がよい場合は、幕内の上位である横綱や大関と対戦してもよいことになっており、下位の力士が中日《なかび》（八日目）を越えて勝ち越している場合がこれにあたる。

中日を越えてから大相撲がさらに盛り上がりを見せるのは、この取組編成方法に由来するものであろう。

そして、大相撲を面白くしているのが、本場所の取組において「相撲部屋の総当たりにより編成する」ということと、「同じ部屋の力士同士が相撲を取ることはない」という規定だ。

優勝決定戦は後者の限りではないので、同部屋対決が見られることになるのだが、このような規定があることによって、たとえば「負けた兄弟子の仇《かたき》を弟弟子がうつ」というようなドラマチックな光景が見られることになる。

取組編成会議によって組み立てられる取組により、大相撲はさらに面白くなっていくのである。

日銀の本店本館を上から見ると「円」なのは、偶然？

日本銀行の本店本館が現在の場所（東京都中央区日本橋本石町《ほんごく》）に竣工《しゅんこう》したのは、明治二九（一八九六）年のこと。日銀は明治一五（一八八二）年に永代橋《えいたいばし》のたもとで開業していたが、手狭《てぜま》であったことや都心部から離れていたことが要因となり、現在地に移されることになった。

設計者は、東京駅赤煉瓦《あかれんが》駅舎や旧両国国技館《りょうごくこくぎかん》などの設計を手掛けた、当時の建築学界の第一人者・辰野金吾《たつのきんご》。

辰野は本店本館の設計にあたり、一四か月をかけて欧米諸国の銀行を見て回り、当時最新の技術が取り入れられていたベルギーの中央銀行をお手本に設計したとされる。

この日銀本店本館を説明する際によくいわれるのが、上空から見ると「円」の形をしているというトリビアだ。

ところが、辰野が設計した当時の「円」の漢字は、旧字体である「圓」であった。

それゆえ、「本店本館のフォルムが『円』の形をしているのは偶然である」とたびたび伝えられてきた。

では、実際のところはどうなのだろうか？

「圓」という漢字が「円」という新字体になったのが戦後の昭和二一（一九四六）年であることなどから、明治半ばに築かれた本店本館の屋根の形が「円」であるのはおかしいといわれているようだが、明治時代、「圓」が崩されて簡略化され、「円」にごく近い漢字として一般的に使われていたことはあったようである。

『日本の漢字』（笹原宏之著・岩波書店）には、弘法大師空海《こうぼうだいしくうかい》の「三十帖策子《さんじゅうじょうさくし》」に現在の「円」に近い、簡略化された使用例が見られるとある。

現在、本店本館が築かれている場所は、江戸時代には「金座《きんざ》」という中央銀行的な役割を担っていた建物があったところだ。そこに、またもや日本の中央銀行を建てるというのだから、辰野が日本の通貨単位である「圓」を意識しないはずがない（日本の通貨単位が明治政府によって「円」と定められたのは、明治四〈一八七一〉年のこと）。

だが、「圓」という漢字を建物の構造に取り入れるのはあまりにも複雑だ。そこで、

「圓」の略字である「円」をモチーフにしたとしてもおかしくはないだろう。

断定することは難しいのだが、同じく辰野が設計した日銀大阪支店の旧館（明治三六年竣工）も、上空から眺めると「円」と読むことができる（両側の縦棒が短いが）。

これはまったくの偶然とはいえないのではないかと思えるのだが、いかがだろうか。

なぜ「ワタナベ」の漢字はあんなにも種類が多いのか？

日本人が持つ名字で多いものには「佐藤」「鈴木」「高橋」「田中」「伊藤」などがあるが、これらの名字と同様、多い名字が「渡辺」である。

だが、「ワタナベ」という名字はちょっと特殊だ。

「ワタナベ」という読みは一つなのだが、漢字をあてるとスタンダードな「渡辺」のほか、ワタベと呼んでしまいそうな「渡部」、漢字が複雑で他人にとっては書きにくい「渡邊」や「渡邉」など、ワタナベという名字には複数の書き方があるのだ。

これはいったいどういうことなのだろうか？

名字研究家の高信幸男氏が調査したところによると、ワタナベ姓のナベの部分の字は少なくとも三八種類あるそうだが、明治時代、渡辺家の本家と分家をわかりやすく識別するためにナベの部分を変えていったという説が有力という。

また、同氏によると、戸籍は昭和四〇年頃まで手書きで登録されていたため、複雑な漢字であるナベの部分を戸籍担当者が誤って記入してしまったことにより、微妙な間違いがそのまま登録されてしまい、多くのワタナベ姓が生まれることになったのだという。

右の説においては、戸籍を申請するワタナベさん側の記入が誤っていたという場合もあったのであろう。

なお、渡辺さんのなかには、節分《せつぶん》の際に豆まきをしないという方もおられるそうだ。というのも、昔、酒呑童子《しゅてんどうじ》という丹波《たんば》の大江山《おおえやま》（京都府北西部）に住んでいたという伝説上の鬼の頭目《とうもく》がいたのだが、その討伐を担った人物のなかに渡辺綱《わたなべのつな》という武士がいた。彼こそ渡辺姓の祖先で、この出来事以来、鬼は「渡辺さん」を恐れて近づかなくなり、その後、渡辺さんは豆まきをする必要がなくなったのだという。

渡辺さんの書き方には、前掲の他、「和田鍋」「渡多辺」「渡那部」「渡鍋」「綿奈辺」

「綿鍋」といったパターンも存在する。

ちなみに、「サイトウさん」という姓に複雑な漢字が多いのもこれに似たところがあり、基本的なサイトウさんの姓の漢字は「斎藤」だが、それが明治時代の役所で書き間違えられたりして「斉藤」「齋藤」「齊藤」という書き方が生まれたとされる。

バレーボールの「バレー」、ホントは「ボレー」？

日本で人気が高いスポーツの一つ、バレーボール。

しかし、「バレーボール」という呼び名の由来を答えることができる人は決して多くはないかもしれない。踊るバレエではなさそうだし、バレーボールの語源はいったい何にあるのだろうか？

実は、バレーボールの「バレー」は、「ボレー（Volley）」が転じたものであるとされる。

そう、サッカーやテニスで、ボールが地面につく前に蹴《け》ったり打ったりする、あの行為である。

そういわれてみれば、バレーボールの第一のルールは、ボールが自陣のコートにつかないように相手のコートに返すことだ。

つまり、「ボレーボール」がいつしか「バレーボール」と呼ばれるようになったようである。

スポーツの起源には、祭りで催されていたような神事が発展してルールがつくられるようになった種類が少なくないが、バレーボールは発明した人が明確になっている。

それは、W・G・モーガンという人物で、一八九五年のこと。当時のアメリカではバスケットボールが流行していたが、接触プレーが多くてケガ人が多く出、また、中高年や女性には運動量が多くてやりにくいということで、誰もが気軽に楽しめるスポーツを考案する必要性に迫られていた。

そこでモーガンは、テニスやバドミントンを参考にして「ミントネット(Mintonette)」というスポーツを考えた。

これがバレーボールの原型になったスポーツで、ミントネットの「ミント」はバドミントンの「ミントン」とほぼ同義とされる(ミントンはインド起源のスポーツ)。

そして、一八九六年にはミントネットが「バレー・ボール」と呼ばれるようになり、一九五二年、今日のように「バレーボール」という一語になったのである。

なぜおじいちゃんやおばあちゃんは早寝早起きなのだろう？

歳をとるにしたがい、人は早寝早起きをするようになる。

特に、定年を迎えて会社勤めをやめた人は、それまでやっていたはずの夜の付き合いもしなくてよくなったし、自然と早寝早起きするようになる傾向にあるようだ。

なぜ、人は年齢を重ねると早寝早起きするようになるのだろう？

それは、一例を挙げれば、深い眠りが少なくなって浅い睡眠が増えた状態になり、光や音、尿意などに敏感になって早く起きてしまうからだ。

また、歳をとるにしたがって必要な睡眠量が減る理由の一つは、一言でいうと「消費するエネルギーが減るにつれて、睡眠時間が短くて済むようになったため」といえる。

たとえば、かつて会社員であった人の場合、行き帰りの通勤に費やしていたエネルギーを使う必要もなくなっただろうし、それにしたがって食も以前よりは細くなったかもしれない。そのため、多くの睡眠時間を必要としなくなったとする説だ。

だが、問題はそれだけではないようだ。

実は、早起きして早朝から昼頃までの強い太陽の光を浴びることによって、体内時計が余計朝型にシフトしてしまい、それはやがて超朝型の体内時計へと固定されてしまうというのだ。

医学博士の三島和夫氏によれば、朝の光で体内時計をリセットするという行動は、そもそも朝型になっている年齢層の方々には逆効果であるといい、体内時計が朝型に傾きすぎないようにするためには、昼すぎから深夜にかけての光が有効だという。

また、大型液晶テレビの画面の光やＬＥＤ照明のような家庭照明の特殊な光は、イメージとして体や目によくなさそうであるが、朝型になってしまった人にとっては役立ち、高齢者の不眠症状が改善することも臨床研究で確かめられているという（ナショナルジオグラフィック日本版〈Ｗｅｂナショジオ〉ホームページより）。

早寝早起きは健康のもと、といったイメージがあるが、深い睡眠を妨《さまた》げる行ないであると考えれば、少し遅寝をすることによって睡眠の質を高めたほうがよい場合もあるのである。

同学年のなかでは遅く生まれたのに、なぜ「早生まれ」？

春の入学時期、幼い子どもを持つ親は「いつかあの子も小学生になるんだなぁ」と心を踊らせるだろうが、早生まれの子どもを持つ親は「体が小さいから、他の子についていけるか心配だ」「授業にちゃんとついていけるのかしら？」などと気を揉《も》んでいる方もいるだろう。

同学年のなかでは生まれた日が遅いのに、なぜ「早生まれ」と呼ばれるのだろうか？

一言で説明すると、早生まれとは「一月一日から四月一日までの間に生まれたこと。その人」（『岩波国語辞典』）ということになる。

実は、早生まれという言葉は、四月から翌年三月までのいわゆる「年度」で考え出されたものではなく、一月から一二月までの「年」で見たなかでの「早い生まれ」という意味のようである。

さて、いまでも日常的に使われる「早生まれ」という言葉。

由来は「数え年」というかつての世の中に根付いていた年齢の数え方にある。

数え年とは、生まれた瞬間を一歳とし、その後、正月を迎えるたびに一歳ずつ年齢を加えていく計算方法だ。

したがって、同じ年に生まれた人は、誕生日がいつであろうが、新たな年がくれば皆一斉に一つ年をとることになる。

古来より日本では、現在用いられている満年齢ではなく数え年で年齢を数えていたが、明治時代になって年を数える際に満年齢を用いることになり、昭和二五（一九五〇）年一月一日より施行された「年齢のとなえ方に関する法律」により、「この法律施行の日以後、国民は、年齢を数え年によつて言い表わす従来のならわしを改めて、年齢計算に関する法律（明治三十五年法律第五十号）の規定により算定した年数（一年に達しないときは、月数）によつてこれを言い表わすのを常とするように心がけなければならない」とされたのである。

そして、徐々に数え年という考え方は廃《すた》れてきてしまったが、早生まれという言葉は生き続けることになり、理解しづらいものとなってしまったのだ。

なお、早生まれの子どもを案ずる親の気持ちに国境はなく、世界共通のようだ。たとえば、アメリカは九月入学がふつうだが、親の判断によって入学時期を遅らせることができるそうで、子どもの学力面や体力面に不安を持つ親は入学を一年先延ばしにすることもあるという。

新体操は、いったいどこが「新しい」のか？

リボン、ボール、フープ（手具輪《しゅぐわ》）、クラブ（こん棒）、ロープなどの「手具」を用いて演技の正確さや難度を競うのが「新体操」である。

新体操は英語で「rhythmic gymnastics」というが、英語に「new（新しい）」という単語も入っていないし、いったいどこが「新しい」体操なのだろうか？

実は、新体操の起源は二〇世紀はじめにソビエト連邦（現在のロシア）で形成された、モダン・バレエをもとにした「芸術体操」にある。

芸術体操はその後、競技性を持つスポーツとして発展・普及し、従来の体操競技とは別に、女子の新たな体操の方向を示すものとして、ＦＩＧ（国際体操連盟）により一九六三年に世界新体操選手権大会の第一回大会がブダペスト（ハンガリー）にて開かれ、その後、大会ごとにその個性豊かな表現が人気となっていった。

したがって、新体操の何が新しいのかといえば、起源をたどれば「モダン・バレエよりも新しい」といえそうだが、リボン、ボールといった「手具」を用い、音楽を取り入れるなど、それまでの体操と呼ばれるすべてのものと比べて「新しい」という意味合いもあったのではないだろうか。

日本では、かつては「団体体操」「一般体操」「団体徒手体操」などと呼ばれて、戦後間もない昭和二二（一九四七）年から行なわれていたが、一九六七年の第三回世界新体操選手権大会に視察員が派遣されてから「団体体操」という名称の変更が検討されるようになり、昭和四三（一九六八）年の全日本学生新体操選手権大会から正式に「新体操」という名称が採用されるようになった。

現在、女子の新体操の日本代表は「フェアリージャパン」という愛称で親しまれている。平成二七（二〇一五）年九月に行なわれたドイツ・シュツットガルトでの世界新体操選手権大会では、最終日、団体種目別のリボンで銅メダルを獲得。表彰台に輝いたのは一九七五年のマドリード大会以来、実に四〇年ぶりの快挙であった。

一戸から九戸までのなかで、なぜ四戸だけがないのか？

青森県と岩手県には、「戸」がつく地名が多くある。
しかも、それは一から九まであるのだ。順番に挙げてみると、

一戸《いちのへ》（一戸町／岩手県）
二戸《にのへ》（二戸市／岩手県）
三戸《さんのへ》（三戸町／青森県）
五戸《ごのへ》（五戸町／青森県）
六戸《ろくのへ》（六戸町／青森県）
七戸《しちのへ》（七戸町／青森県）
八戸《はちのへ》（八戸市／青森県）
九戸《くのへ》（九戸村／岩手県）

となる。九戸に至っては、地方自治体の区分がいまだに村のままだ。
さて、一戸から九戸まで見てきたが、どこか変だ。

三戸の次が一つ飛ばして五戸になっている。そう、「四戸《しのへ》」がないのである。

では、なぜ四戸という地名がついた地方自治体が存在しないのだろうか？

「戸」という漢字には「地区」や「地方」という意味がある。

平安時代後期、現在の青森県東部から岩手県北部にかけて「糠部郡《ぬかのぶ》」が置かれたのだが、そのとき、糠部郡は九つの地区に分けられ、一戸から九戸までそれぞれ地名がつけられることになった。

したがって、四戸はかつてはあったのだ。

その証拠に、かつて四戸があったと推測される八戸市の櫛引《くしひき》辺りに建つ櫛引八幡宮《はちまんぐう》が、かつては「四戸八幡宮」と呼ばれていたことが確認されている。神社に遺《のこ》されている史料によれば、正平《しょうへい》二一（一三六六）年においてはその名称だったようだ。

ところが、江戸時代初期の寛永《かんえい》一一（一六三四）年、糠部郡を四郡に解体する内示が出、その際に地名としての四戸が消滅したと伝わる。

なお、なぜ四戸という地名がなくなったのかということについては、四戸という地域が細長かったため、為政者《いせいしゃ》にとっては管理が難しく、消滅させたのではないかとする説がある。

皇居の番地に本籍を置くことができるって知ってる？

一般的に「本籍《ほんせき》」とは「戸籍《こせき》の所在地」のことを指す。

だが、郷里などと関係があるわけではなく、現実には本人の意思でどこにでも自由に定めることができ、転籍も自由である。

それでは、わたしたちは皇居《こうきょ》の住所である「東京都千代田区千代田一番」に本籍を置くことはできるのか？

実は、これが、できるのだ。

その詳細について、現在の状況は公表されていないのだが、昭和五七（一九八二）年のデータによれば、五五七人が皇居に本籍を置き、筆頭者として届け出ていたという。

その人たちがなぜ皇居を本籍地としたのかという理由については、個々の事情があるので明らかになってはいないが、「天皇家に対する親近感を持つ人」のほか、「日本の中心にいるという意識を持つ人」がそのなかに含まれていると推測することはできよう。

ちなみに、皇居の番地に本籍をはじめて置いたのは、徳島県出身の宮城賢次さんという方であった。

皇居がかつて「宮城《きゅうじょう》」と呼ばれていたことと、自身の名字（宮城）を関連づけたことによるものだったようである。

テレビでよく聞く「MC」って、何の略なのだろう？

テレビのバラエティ番組やライヴ会場で、司会役のタレントなどがこんな感じで自己紹介をすることがある。

「本日、『MC』を務めさせていただきます、○○と申します。どうぞよろしく」

テレビ番組で「MC」という業界言葉がふつうに用いられるようになったのは、ここ十年ほどのことであるが、「MC」っていったい何の略なのだろうか？

「MC」とは、「master of ceremonies」（マスター・オブ・セレモニー）の頭文字を取った言葉である。

「司会者」や「進行係」といった意味を持ち、音楽のライヴやコンサートで、曲と曲のあいだにアーティストが話すこともMCと呼ばれることがある。

ただし、海外では司会のことをMCとはいっていない。

たとえばアメリカの場合、テレビ番組の司会者や進行係は「ホスト」と称されており、結婚式やパーティーなどの司会のことを指してMCと呼ぶようである。

ちなみに、MCにトークを回してもらうタレントは一括《くく》りに「ひな壇《だん》（ひな壇芸人）」と呼ばれる。これは、彼らが座っている席が二列以上になっていることから、その姿が雛祭《ひなまつ》りの飾り方に似ており、そのように命名された。

現在、ひな壇芸人を集めてつくられるバラエティ番組は減りつつあるが、彼らはきっと、「いつか自分もMCを務めたい！」と野望を抱いていることだろう。

「弱冠」という言葉は、実は二十歳だけしか使ってはいけない？

「弱冠《じゃっかん》一八歳の若い僕だけど……」「私は弱冠三五歳の身ではありますが……」などという言い方をたまに聞いたりすることがある。

だが、基本的に、これらのような「弱冠」の使い方は誤りだ。というのも、弱冠という言葉は「男子の二十歳の異称」なので、二十歳以外の男性が使ったり、女性が用いてはいけないのである。

では、なぜ弱冠という言葉が二十歳だけに使われるようになったのだろうか？

由来は日本ではなく、中国だ。

中国の古典『礼記《らいき》』には「二十を弱と曰《い》う」とある。つまり、古来、中国では二十歳のことを弱といったのである。

そして、二十歳になると元服《げんぷく》の儀が行なわれ、そこで冠が被《かぶ》せられたことから、弱冠という言葉が生まれたと説明されている。

ただし、この説には違う見方もあるようだ。

漢文学者の原田種成氏によると、『後漢書《ごかんじょ》』（後漢の歴史を記した紀伝体《きでんたい》の書）や『文選《もんぜん》』（中国の詩文集）における使用例などをもとに検討してみると、二十歳前後どころか、二九歳までは弱冠といってよいのではないかと述べている（『漢文のすゝめ』新潮社）。

そのように考えると、冒頭の一八歳の彼のいっていることは間違いではないことになる。

言葉は生き物だ。時代によってその意味するところが変わるのも、仕方のないことなのだろう。

大相撲の土俵の東西南北は、実際の方角とは違っている？

大相撲の番付は「東」と「西」に分かれている。

令和四（二〇二二）年三月末現在、横綱の地位にいるのは異例の一人（照ノ富士）だが、同じ横綱でも東の横綱のほうが西の横綱よりも位は上とされている。

さて、大相撲に見られる「東」と「西」だが、こと土俵に限っていうと、実は実際の方角とは関係なくつくられている。

土俵を築くとき、まずは正面を決めてそれを「北」とし、「北」に向かって右側を「東」、左側を「西」とするのだが、土俵の正面は場所の会場となる建物の構造によって決められるため、必ずしも実際の北が正面になっているとは限らないのである。

呼び出しが力士を土俵に迎えるときに「ひがあ〜し〜、○○、にい〜し〜、□□」ということから、土俵の東西に関して特に疑問を持つこともないが、実際の方角とは関係がないとはちょっと驚きである。

現在の土俵の大きさ（直径）は一五尺《しゃく》（四メートル五五センチ）と決められているが、大相撲がはじまった江戸時代以降は、しばらく一三尺（三メートル九四センチ）だったという。

しかし、それではすぐに勝負がついてしまい、大相撲本来の醍醐味《だいごみ》が伝わらないということで、昭和六（一九三一）年の天覧《てんらん》相撲以来、一五尺となったそうだ。

ちなみに、戦後すぐの昭和二〇（一九四五）年一一月場所のみ、土俵の直径は一六尺（四メートル八四センチ）に変更されたことがある。これはＧＨＱ（連合国軍最高司令官総司令部）からの要請によるもので、「大相撲の勝負が早くついてしまうので、大きくするように」との意図があったと伝わる。

土俵に用いられる土は、以前は東京都荒川区荒木田原《あらきだのはら》（現在の町屋《まちや》七丁目）の荒川沿岸から採られた土が良質で、その名も「荒木田土」と呼ばれていたが、宅地開発が進んで同地から採れなくなったため、現在では千葉県我孫子《あびこ》市周辺の土が使われている。

両国国技館の場合、土俵の土台を築くのに使われる土の量は一〇トントラック四台分にもなるそうだ。

一見偉そうな「殿」と書いて「しんがり」と読むのは、なぜ？

列や順番などのいちばん最後のこと、あるいは最後の人のことを「殿」という。殿と書いて、「しんがり」と読む。

この言葉の使用例としてもっとも身近なものは、競馬におけるものだろう。競馬用語で「殿」といえば、ビリの馬のことを指し、「最後の直線まで殿だった八番の馬が優勝しちゃったよ！」などといって使う。

だが、考えてみれば奇妙だ。

なぜ、列や順番の最後にいる人を指す言葉に、偉い人に用いる言葉である「殿」の文字が使われているのだろうか？

「しんがり」という言葉は、「後駆《しりがり》」がなまって出来たものとされる。

後駆には、「軍隊が退却するときに最後尾にあって、追ってくる敵を防ぐ役」という意味がある。この、最後尾を駆ける部隊には、第一線を退いて後継に位を譲った先代の殿様が就くことがあったため、しんがりという言葉に「殿」の字があてられることになったようだ。

日本史における殿の例としては、元亀《げんき》元（一五七〇）年の織田信長《おだのぶなが》と朝倉義景《あさくらよしかげ》との争い（金ケ崎《かねがさき》の戦い）における木下藤吉郎《きのしたとうきちろう》が挙げられる。

朝倉義景を討とうと越前《えちぜん》に出陣した織田信長であったが、信長の義弟である近江《おうみ》の浅井長政《あざいながまさ》が義景方に通じており、信長が敵中に孤立したことがあった。

だが、その後信長は琵琶湖の西方にある朽木谷《くつきだに》を抜けて命からがら脱出したのであったが、このときに信長軍の殿を務めたのが木下藤吉郎であった。この藤吉郎こそ、のちの豊臣秀吉《とよとみひでよし》であり、彼が信長の信頼を一手に集めるきっかけとなったと伝わる。

ただし、この逸話《いつわ》に関しては異説があり、近年の研究によると殿を務めたのは池田勝正《いけだかつまさ》で、藤吉郎は殿軍のなかの武将の一人にすぎなかったともいわれている。天下を取った秀吉を讃《たた》えるなかで、書き換えられた逸話なのかもしれない。

4章

常識が吹っ飛ぶ！

驚きの雑学

電話の「#」はシャープではなく、実は「井げた」？

留守電や宅配便の再配達、チケット購入などを電話で行なうとき、「シャープボタンを押してください」とアナウンスされることがある。

そんなときは、「9」の下にある「#」ボタンを押すことになるが、実はこの名称はシャープではない。「井げた」である。

このボタンはＩＴＵ（国際電気通信連合）によって決められたもので、世界共通の機能ボタンマークとなっている。

日本以外では、「ハッシュ」や「スクエア」と呼ばれている。

電話の「#」は、音楽の譜面に書かれている「♯」とは一見似ているが、違うものなのだ。確かに、パソコンのキーボードでも、「3」のキーをシフトで変換させて出すのは「#」（井げた）であり、「♯」（シャープ）ではない。

見た目も、シャープは横線が斜めになっており、井げたは縦線が斜めになっていて、よく見ると、異なるのだ。

また、井げたとともに機能ボタンマークとしてあるものに「⁎」があるが、これは一般的に「米印」と呼ばれる。

だが、これも間違い。正しくは、「アスタリスク」または「スター」という。

これもよく見るとわかるのだが、電話ボタンの「7」の下にあるのは「⁎」ではなく、「⁎」である。これはＪＩＳにはない電話機独自のボタンなのだ。

ちなみに、本当の米印は「※」である。

高速のパーキングエリアの駐車線が斜めなのは、なぜ？

地域限定の食事メニューやスイーツが楽しみな面もある、高速道路のサービスエリア。

運転に集中するドライバーにとっては、ホッと一息つけるサービスエリアだが、エリア内の駐車スペースは、進行方向に対して斜めに区切られている。

何のために斜めになっているのかというと、スペースを有効的に活用するためではない。実は、休憩後、本線に戻るときにドライバーが逆走しないようになされた工夫なのである。

かつて、駐車線が斜めではなく真っすぐだった頃、ドライバーが誤って進行方向と逆に出て行ってしまうケースが後を絶たず、大事故に繋《つな》がるケースも少なくなかった。

そこで、ドライバーに安全を促《うなが》す対策として、昭和四七（一九七二）年よりエリア内の駐車線を斜めにしたというわけだ（日本道路公団の資料による）。

いまでもまれに、高速道路を逆走し、衝突事故を起こしたと報道されることがある。ドライバーのなかには、完全な誤進入・逆走の場合は追い越し車線を走っていることが多いようだ。

「末吉」と「小吉」ではどちらがラッキー？

初詣《はつもうで》のとき、参拝客が行列をなすのは屋台ではなく、「おみくじ」ではないだろうか。

「おみくじ」とは神社や仏閣などで吉凶《きっきょう》を占うために行なう籤《くじ》のことで、古代において、国の後継者や祭政に関する重要なことがらを選択する際に、神の真意を占うために籤引きをすることがあり、その行為がおみくじの由来となったとされる。

日本においておみくじは鎌倉時代初期から行なわれるようになったようだが、庶民のあいだに広まったのは江戸時代からと伝わる。以来、わたしたちは節目《ふしめ》節目におみくじを引いている。

さて、おみくじを引くときに気になるのが吉凶の順番であるが、大吉がもっともよい運勢であるのはわかるとして、「末吉」と「小吉」ではどちらが上か、迷ってしまう。

いったいどちらの運勢がよいのだろうか？

実は、吉凶の順番に関して明確な記載は見られないというのが本当のところのようだが、神社本庁のおみくじの説明にしたがえば、「大吉・吉・中吉・小吉・末吉・凶」という順番になるようである（同庁ホームページの「お参りのいろは」を参照）。

したがって、末吉と小吉のどちらが上かという問いの答えは、「小吉のほうが上」ということになる。「小さい吉」のほうが「吉の末」よりもよいとは、つくづくわかりにくい言葉である。

ちなみに、現在、もっともよい運勢である大吉のさらに上をゆく「大大吉《だいだいきち》」というものもある。

たとえば、ビリケンが祭られていることでも有名な神戸随一の稲荷《いなり》神社である松尾《まつお》稲荷神社（神戸市兵庫区）には昔から大大吉のおみくじが存在し、また、同社には「向吉《むこうきち》」というおみくじもある。

向吉は、現状がよくても悪くても今後はよい方向へ進むという指針を与えてくれるおみくじで、大大吉同様、縁起《えんぎ》のよいものとなっている。

石清水八幡宮にある「平」のおみくじって、どんなご利益？

おみくじの話をもう一つ。

先述の通り、おみくじはふつう、大吉・吉・中吉・小吉・末吉・凶に分かれているが、これらのどれにも属さない独自のものがある。

石清水八幡宮《いわしみずはちまんぐう》（京都府八幡市《やわたし》）には「平《たいら》」という種類があるのだ。

石清水八幡宮によると、この「平」というおみくじの意味は、「吉と凶が判別していない状態であるが、運気が安定している状態なので、いまの状態がしばらく続くでしょう」という意味だという。

また、同宮には「未分」（「いまだわかれず」と読む）というおみくじもあり、こちらは「吉と凶に分かれていない状態で、運気が不安定な状態」という意味を持つ。この「未分」というおみくじは、同宮独自のものだ。

なお、出雲大社《いずもたいしゃ》（島根県出雲市）のおみくじのように、「吉」や「凶」という判断がなされておらず、「本年は油断のならない年なので、なす事は何事も神に祈っていたしましょう」というように、運勢がアドバイスのように書かれているところもある。

神社やお寺によっては、やけに凶が出やすかったり、大吉が出やすいところもあるようだが、努力次第で運勢は変わる。あまり気に留めない方がよろし。

なぜ刑務所のご飯は「麦ご飯」なのか？

「刑務所の臭《くさ》いメシ」などというフレーズがあるが、現在の刑務所のご飯は七割が米、麦が三割なので、とくに「臭い」わけではない。

明治維新が断行されたとしても、日本はまだ貧しく、白米が毎回食べられるようになるのは、まだまだ先の話。だから、悪いことをして捕まった罪人が白米を食べるなどというのはもってのほか、というわけで、刑務所で出されるのが麦ご飯になったとされる。

その後、明治一四（一八八一）年、監獄法が改正され、米と麦の割合が米四割、麦六割とされ、昭和五二（一九七七）年にまた改正されて、米七割、麦三割となった。

だから、いまは米が混ざっている割合の方が高いのである。

しかし、服役囚に与えられる食事の時間は実質的には五分前後とされ、食事を味わって食べることは二の次というのが現実のようだ。

神田の古本屋のほとんどが北向きなワケとは？

地下鉄の神保町《じんぼうちょう》駅（東京）を中心に広がる、神田神保町の古書店街。

古書店だけではなく、出版社や書店も数多く軒を連ねていることから、「世界一の古書店街」とも称される。

江戸時代、この地には旗本《はたもと》である神保氏が住んでいた。彼の邸宅のそばを通る道を「神保小路」といい、明治になってから「神保町」と呼ばれるようになった。

現在、古書店は神保町の交差点を中心として、東西に広がっている。だが、よくよく見てみると、古書店はそのほとんどが靖国《やすくに》通りの南側に建っている。

これは偶然なのか、と思うところだが、きちんと計算した上でのこと。

本が日焼けなどして傷《いた》まないようにするため、である。

なぜなら、店が靖国通りの北側に建っている場合、店の入り口は南向きになる。すると、当然ながら日にあたっている時間が長く、本に悪影響を与えてしまうからだ。

神保町の古書店街は、かつては「すずらん通り」がメインの通りだった。すずらん通りにも書店や古書店が多くあるが、確かにここも南側の方が店の数が多い。

すずらん通りにある、中国書籍を主に扱う老舗《しにせ》「内山書店」は、かつては在上海・日中文化人のサロンとなり、創業者は魯迅《ろじん》とも親交があった。

昭和四三（一九六八）年、現在地に新社屋を建てて移転してきたが、内山書店もやはり、すずらん通りの南側に位置している。

なぜ夜のフライトでは離着時に機内灯を消すのか？

夜間にフライトがある飛行機では、離陸の際は機体が上昇して安定飛行になるまで、着陸の際は着陸態勢から機体停止のときまで、機内の照明は灯《とも》されていない。

外国から日本へ帰る飛行機が夜便のとき、暗くなった機内から町の灯《あか》りを眺めると、楽しい旅行のひと時を名残惜《なごりお》しく感じて、少し感傷的になったりする。

ところが、照明を落とすという決まりごとは、何も旅行者に町の灯りを見せるためのものではない。

それは、万が一の事故に備えてのことなのだ。

人間の目は、明るい場所から暗い場所へ急に移されると、変化に対応できない。逆もまた然《しか》りで、たとえばアイマスクを長くはめて急に取るとまぶしくて、周囲が見えない。

つまり、夜に緊急着陸することになったときに備えて、暗いことに目を慣れさせせる行為なのである。

飛行機は、離陸と着陸の際がもっとも危険だとされる。「クリティカル11ミニッツ」という言葉があるが、これは離陸後の三分間と着陸前の八分間が、事故が起こる可能性が高いとされている時間帯だ。飛行機事故のおよそ九割がこの時間帯に起こっているともいわれている。

だから、照明を暗くするのは乗客用のキャビンだけではなく、パイロットがいる操縦室でも同様である。

三匹の愛犬を「サン」「フラン」「シスコ」と名付けた日本の首相は？

戦後の日本を代表する政治家・吉田茂（一八七八〜一九六七）。五度にわたって内閣を組閣し、その功績により、戦後で唯一国葬で送られている人物だ。第九二代内閣総理大臣・麻生太郎の母方の祖父でもある。

そんな吉田茂は無類のイヌ好きで、イヌに関するエピソードも多い。

たとえば、グラフ雑誌に吉田がイヌを連れている写真が掲載されたところ、小学五年生の少女から手紙がきて、「子イヌが生まれたらください」と書かれてあったので、直筆で手紙を送って約束し、その後本当に子イヌを譲《ゆず》った。

また、こんなこともあった。

昭和二六（一九五一）年九月、吉田がサンフランシスコ講和条約を締結しにアメリカへわたったとき、記念につがいのケアン・テリアを買って帰ってきた。全権を任された大役だったから、その記念にと大好きなイヌを購入したのだった。ここまでなら有り得ることだが、そこからが吉田独特のセンスを感じさせる話。吉田はこの最初の二頭に「サン」と「フラン」とつけたのだ。そして、つがいに子どもが生まれると、今度は「シスコ」と命名する。

つまり、吉田は愛犬に講和条約の締結地の名前をつけたのだった。はじめから「サン」「フラン」「シスコ」とつけるつもりだったのか、定かではないが、とにかく凝《こ》ったネーミングだ。

そういえば吉田は、第一次内閣時に経済再建路線をとり、軍事はアメリカに任せる政策にしたが、そのときアメリカを「番犬」と呼んでいた。日本の首相のなかでアメリカを番犬呼ばわりした人物は、吉田茂だけである。

韓国では気象庁が「キムチ前線」を発表するって、ホント？

キムチが民族食となった韓国では、毎年一一月になるとキムチを漬ける（キムジャン）季節がやってくる。

また、ここが特徴的なのだが、そのキムジャンに合わせて韓国では気象庁が、キムチを美味しく漬ける目安となる「キムチ前線」を発表する。

つまり、韓国の各地域別に、キムジャンに最適な気候となる時期を教えてくれるというわけだ。日本では毎年春になるとテレビなどで「桜前線」が発表されるが、それのキムチ版と考えればわかりやすい。

十数年前までは、冬を前にした韓国ではキムチを漬ける光景を多く見ることができたが、核家族化の波は韓国をも襲っており、いまではキムジャンを見かけることも少なくなってきているのが現状だ。

しかも、一九八八年のソウルオリンピックを境に、キムチは世界中にその名を知られ、キムチを製造するメーカーも増えてきた。

こと日本においては韓国料理のブームも手伝って、キムチは日常食にもなろうかというほど身近なものとなった。生産数が増えるのも無理はない。

さらに、一九九五年、韓国では「キムチ冷蔵庫」なるものが誕生。いままでは大きな瓶《かめ》に入れ、土に埋めておいたのが、季節に関係なくキムチを長期保存することができるようになった。

とはいえ、急速にキムジャンの習慣がなくなることはない。キムチ冷蔵庫が人気商品となるほどに、韓国人はキムチにこだわっているのだから。

なぜそば屋の屋号には「庵」が多いのか？

そば屋の屋号に「庵《あん》」が、焼き肉屋の店名に「苑《えん》」がついているように、すき焼き屋の屋号には「今」がついていることがある。

たとえば、東京は浅草《あさくさ》のすき焼きの名店「今半《いまはん》」の場合、店の名前の由来は、創業当時（明治二八年）に流行《はや》っていた言葉の「今様《いまよう》」という言葉に、初代相沢半太郎氏の「半」をくっつけて、「今半」としたという。

今様という語句は、「当世ふうの」「今の流行り」という意味。すき焼きのルーツともいわれる、明治初期に日本人が発明した「牛鍋《ぎゅうなべ》」が流行りだし、日本人の口に合うようになったことの表れなのだろう。

また、一説には、そのように流行った店が数多く軒を連ねたことから、少しでも他店よりも早く食事を出す（今すぐ出す）、という意味を込めて、店の名前に「今」をつけたともいう。

さて、冒頭に記したそば屋と焼き肉屋の場合はどうか。

そば屋の「庵」は、江戸は浅草にあった「道光庵《どうこうあん》」という寺の名前からきている。ここで修行している僧侶は信州出身で、寺にきた参詣者に自らこしらえたそばを振る舞ったところ、評判を呼んだ。

そこで、そば屋はこの道光庵にあやかって、「庵」の字を屋号につけるようになったという。

一方、焼き肉屋の「苑」は、朝鮮半島では「貴族たちの集まる場所」という意味があり、店が繁盛するように、願いを込めてつけるようになったとされる。

沖縄で売られているエアコンは「〇〇〇侵入禁止」仕様？

「沖縄のエアコンは長持ちしない」といわれるが、それはなぜか。

海に囲まれている沖縄だから、潮風によって引き起こされる塩害で室外機が錆《さ》びてしまうことが、まず原因の一つ。

そしてもう一つの原因が、ヤモリである。

熱帯・亜熱帯に属する沖縄県には、特にヤモリが多く生息しているが、これが室外機に入ることによって、故障する割合が高いのだ。

ヤモリによる被害の過程は、平成一七（二〇〇五）年までに行なわれたヤモリの研究により、明らかとなった。

まずヤモリは室外機の隙間《すきま》から侵入し、室外機の各機器類を通って基盤に達する。この基盤には二二～二四ボルトの電流が流れている。

一方、ヤモリの体は約七五パーセントが水分でできているため、基盤にヤモリが触れるとヤモリの体から水分が出て、これが基盤に流れてショートするのである。

また、基盤部分が温かいため、ヤモリはここに入り込んで卵を産むこともある。この卵は当然孵化《ふか》するが、外に出ることができず、なかにたまってしまい、故障の原因となるのだ（沖縄移住支援センターのホームページより）。

そこで、沖縄仕様のエアコン（室外機）には、「ヤモリガード」というヤモリが侵入できないような設計がなされている。しかも、塩害を防ぐために特別なコーティングもされているのだ。

いまは沖縄仕様となっているヤモリガードだが、本州でも気温が上昇してヤモリが棲みつくようになれば、全国的にこの仕様になるのかもしれない。

アメリカ大統領選挙が、必ず火曜日に行なわれる理由とは？

二〇二〇年一一月三日、アメリカで大統領選が行なわれた。

同日、全米各州で投票・即日開票された結果、民主党のジョー・バイデン氏が共和党のドナルド・トランプ氏を破り、当選した。

「変化」を訴え、既成政治への世論の反発を追い風にしたトランプ氏の登場は、政治経験のない人物が大統領に就任するという極めて異例の出来事であったが、二期目はなかった。

日本には大統領選挙はないが、国会議員選挙や都道府県知事選挙などの公的な選挙は数々ある。選挙の日は、日曜日だ。

だが、アメリカ大統領選挙の日の一一月三日は、火曜日である。

なぜ、平日に選挙をしなければならないのか?

実はアメリカでは、法律によって、「大統領や連邦議会の選挙は一一月の第一月曜日のあとの火曜日」と定められているのだ。

一八四五年、連邦法によって、投票日は「一一月の第一月曜日を過ぎた最初の火曜日」とされた。

これは、建国して間もない頃のアメリカの有権者には農民が多く、投票所が大都市にしかなかったという事情が関係している。

選挙には農閑期の方が都合がよいので、一一月になったというのはわかる。

さて、問題は火曜日としたことだが、これには彼ら農民の多くがキリスト教徒で、日曜日を安息日《あんそくび》とし、教会で礼拝しなければならない習慣が関係している。

つまり、月曜日からでないと動けないのだ。しかも、投票場所は遠く、一泊しなければならないこともある。火曜日が最適になったのは、ここに理由があるのである。

ラーメンもパンツも数え方はなぜ「一丁」？

ラーメン屋で注文するとき、「ラーメンを一つ下さい」ということはあるが、「ラーメンを一杯ください」ということはあまりない。

また、店側が「ラーメン一丁《いっちょう》！」と注文を繰り返すことはあっても、「ラーメン一杯！」と復唱することもまれだ。

この「丁」という言葉は助数詞といい、おもに豆腐や銃を数えるときに使うが、さらに「景気づけ」のために使われる言葉でもある。

だから、ラーメン屋で注文が入ったときに、勢いをつけて「ラーメン一丁！」と繰り返すことができるのだ。

他の例で見てみても、「丁」とつくと勢いが増すことがわかる。

たとえば、踏ん切りをつけて何かに挑戦するときにいう台詞《せりふ》の、「いっちょ、やってみるか」。この「いっちょ」は一丁の訛《なま》ったものである。

また、パンツしか履《は》いていないときの「パンツいっちょ」も、勢いをもたせた「一丁」の訛りだ。

鉛筆の「H」はハード、「B」はブラック、では「F」は？

鉛筆の記号には「H」「B」「F」の三種類がある。

「H」はハード（硬い）、「B」はブラック（黒い）の頭文字だが、「F」は何の略だろうか。

答えは、ファーム（しっかりした）である。HとHBの中間の硬さと濃さをもった芯《しん》のことを指している。

日本の鉛筆の種類は一七あり、硬い方から順に、9H・8H・7H・6H・5H・4H・3H・2H・H・F・HB・B・2B・3B・4B・5B・6Bとなっている。

鉛筆の芯の材料は黒鉛《こくえん》と粘土で、硬さはこの二つの割合で決まる。

一般的に使われるHBは、FとBのあいだの硬さで、黒鉛七に対し粘土三の割合の材料でできている。

一五六〇年代、イギリスのボロウデール鉱山で良質の黒鉛が発見され、それを細かく加工することによって筆記具として使われるようになったのが、鉛筆のはじまり。そして一七九五年、フランス人のニコラス・ジャック・コンテが、粘土に黒鉛を混ぜることによって芯の硬さが変化することに気がついた。現在の鉛筆の製法は、基本的にこれと変わらない。

日本で鉛筆が本格的に使われるようになるのは明治時代以降だが、久能山東照宮《くのうざんとうしょうぐう》博物館（静岡市）に展示されている徳川家康《とくがわいえやす》の遺品のなかには、オランダ人から献上されたとされる一本の鉛筆がある。

また、昭和四九（一九七四）年、伊達政宗《だてまさむね》の墓所である瑞鳳殿《ずいほうでん》を発掘調査したところ、七センチの鉛筆が見つかったことから、政宗も使っていたと推測されている。

焼き鳥の「砂肝」、実は「肝」じゃないって、知ってる？

焼き鳥や唐揚げなどで、そのコリコリした食感が特徴的な、「砂肝《すなぎも》」。

その名の通り、このなかには砂がつまっているのだが、とても強力な筋肉で覆《おお》われている（消費者が口にする砂肝は下処理されており、砂や小石が入っていることはない）。

肝という文字が入っているので肝臓と思えるが、砂肝は実は「胃」である。鳥には歯がなく、エサはまるごと飲み込んでしまう。このままでは胃でうまく消化することができないため、砂肝で食べ物をすりつぶすようにして消化させるのだ。砂肝は別名「砂嚢《さのう》」ともいわれ、強力な筋肉を持つことから「筋胃《きんい》」とも呼ばれる。鳥は空を飛ぶために、なるべく体を軽くしなければならない。また、そうなるように進化を遂《と》げてきた。

砂肝が発達したのもこのためで、頭部を軽くするために歯を必要とせず、代わりに胃で食べ物を嚙《か》み砕くことにしたのである。

部位別に売っているニワトリの場合、砂肝に限らず、ほとんどの部位が商品になる。「ニワトリで食べられないのは羽だけ」という言い方もされている。

さて、ここで一つ質問だ。

居酒屋メニューなどにもあるニワトリの「ささみ」は、体のどこにあるのかおわかりだろうか。

答えは、胸の両側である。

ニワトリの胸の両側にある「ささみ」は、笹の葉の形をしていることからこの名がついた。鶏肉のなかではもっともタンパク質が多く含まれている部位で、脂肪がない。

翼の部分は「手羽先」「手羽元」として、網焼きや唐揚げとして調理されるし、ニワトリの体は、まさに捨てるところがないのだ。

世界でもっとも短い戦争は、たったの四五分？

記録に残る戦争のなかで、もっとも短かったのは、イギリス・ザンジバル戦争の「四五分間」である。

ザンジバルとは東アフリカにあるタンザニア領の島で、一八二〇年代にサイイド・サイードが東アフリカ沿岸一帯を勢力下に収め、繁栄。六一年、オマーンから独立するも、九〇年にイギリス保護領となった。

一八九六年八月二五日、このザンジバルでは国内で権力争いが起こっていた。それまでイギリスの保護領としての扱いにしたがっていたスルタン（首長《しゅちょう》）が甥《おい》のクーデターで死亡。

その後、別のスルタン候補者が名乗りを上げるのだが、その背後にはイギリスがついていた。

甥のスルタンはこれを拒否し、軍隊を湾沿いに召集させる。

イギリス側もこれに反応、イギリスは軍艦だけではなく、海軍部隊を上陸させ、スルタンの宮殿を包囲した。

そして二日後の八月二七日、午前九時きっかりに、宮殿に向かって集中砲火が浴びせられた。当然、スルタン側に勝ち目はない。「戦争」は四五分後、あっけなく片付いた。

戦争の途中、スルタンはドイツ領事館へ逃げ込んでいたため、その後イギリスは彼の引き渡しを要求。しかし、それは叶《かな》わず、スルタンは海外へ逃亡した。彼が捕えられたのは、一九一六年のことだった。

ザンジバルがイギリスの手から離れて真に独立するのは一九六三年一二月のこと

で、現在ではタンザニアの一部となっている。

縁起の悪い数字は666ではなくって、実は616？

一九七六年に制作された映画『オーメン』は、六月六日午前六時に生まれたダミアンが悪魔の子であり、神父をはじめ周囲の者を次々と殺していく物語。その主人公・ダミアンの頭には、「666」という数字がアザとなって刻まれていた――。

この映画によって、世間には「666」が不吉な数字だという認識が一挙に広まったわけだ。

この数字は本来は「獣《けもの》の数字」といい、『新約聖書』の「ヨハネの黙示録《もくしろく》」（一三章一八節）に記されているもの。

一般的には、「666」という数字は皇帝・ネロを指すといわれることから、反キリストを指す代名詞ともなった。

長く世間では「獣の数字」は「666」だったのだが、二〇〇五年にエジプトの古代都市・オクシリンコスから発掘された別の「ヨハネの黙示録」の写本では、「6

16」と書かれていたことが判明した。まだ発掘されて間もないため、「666」が「616」にすぐさま変更されるわけではないが、興味深い発見といえよう。

ちなみに、かつてアメリカでは、国道666号線は「獣の国道」と呼ばれており、不吉だということで国道491号線と改称されている。

なぜ「二度寝」はあんなにも気持ちがいいのか？

朝、目覚ましが鳴って起きなければいけないのに、「あと五分だけ」「あと一〇分は大丈夫」などと、また布団深く潜り込んでしまう、「二度寝」。

今日はスッキリ起きようとするのに、ついついしてしまう。なぜ、「二度寝」は気持ちいいのだろうか。

理由の一つとして、二度寝が浅い睡眠のため、ということが挙げられる。

石原務『睡眠と夢』(朱鷺書房)によると、人はある程度睡眠を取ると、再び深い睡眠状態になることはできないという。

浅い睡眠状態である二度寝では、光や音など周囲の環境から浅く遮断された状態になり、それが気持ちよさをもたらす原因であるようだ。

春の日だまりで頭がぼーっとなる、そんな状態に近いといえる。

だが、二度寝は結局浅い眠りなのだから、体にとってプラスになるというわけではない。

二度寝をなるべくしないようにするには、眠りに落ちそうになったら、その日にする行動を思い出すようにすると効果的かもしれない。

寝る前に、翌日のスケジュールを頭に思い描いてみるのも、有効だ。

サウスポーの「サウス」はいったいどんな意味？

野球のピッチャーやボクサーの左利きのことを「サウスポー」と呼ぶ。

一世を風靡《ふうび》した歌手のピンクレディーが昭和五三（一九七八）年に出した歌のタイトルとしても有名だ。

このサウスポーという単語は、英語で書くと「southpaw」となる。直訳すれば、「南の手」だ。

実は、サウスポーとは、アメリカの新聞記者チャールズ・シーモアがつくった造語であるという(異説あり)。

彼は野球の観戦内容を記事にしていたわけだが、当時の野球場は、バッター優位につくられていた。

太陽の光がバッターの目に入らないように、バックスクリーンが東側、ホームベースが西側に設計されていたのだ。つまり、バッターは東を向いてピッチャーに対することになっていた。

そうなると、ピッチャーは西に向かって投げることになるのだが、左利きは南方面に体を向けることになる。

そこで、「南の手」つまりサウスポーと言い習わしたというわけだ。

野球が生まれたばかりの頃は、いまのフォアボールにあたるものはナインボール、つまりボールが九球にならないと打者は一塁に歩けなかったし、投げるボールを宣言してからバッターに投げるなど、ピッチャーに不利なルールとなっていた。

バッターのためを思って野球場をつくった結果、「サウスポー」という名称が生まれたのである。

国会議員を「君」付けで呼ぶ理由とは？

国会議員は本会議や委員会で、議長や委員長から名前を読み上げられるとき、「○○君」と、必ず君付けで呼ばれる。

これは明治二三（一八九〇）年一一月二九日に開かれた第一回帝国議会からのものので、一説によると、当時のアメリカ議会で「ミスター○○」と議員の名前を呼んでいたことに由来するらしい。

つまり、「ミスター」を日本語に訳したら「君」になったというわけだ。

明治二二（一八八九）年に公布された衆議院議員選挙法によって、日本にはじめて本格的な選挙制度が導入された。

だが、当時はまだ制限選挙で、満二五歳以上の男性で直接国税一五円以上を納めている人に選挙権が与えられている状態。

国会議員はもちろんすべて、男性である。この時代に「○○君」という習慣が確立しても、おかしくはなかった。

だが、この習慣は現在まで続いており、平成五（一九九三）年に衆議院議長に土井たか子氏が就任したとき、この慣例を破って、議員を「さん付け」で呼ぶようになったが、その後に根付くことはなかった。

ちなみに、参議院の場合は、参議院規則二〇八条で「議員は、議場又は委員会議室において、互いに敬称を用いなければならない」とあることから、君付けで呼び続けている根拠はあるといえよう。

鎌倉に鎌倉時代の建物がまったくないのは、なぜ？

ひと昔前までは、鎌倉幕府の成立は「いい国つくろう鎌倉幕府」と覚え、一一九二（建久《けんきゅう》三）年としていたが、研究が進むうちに時代がさかのぼり、いまでは一一八五（文治《ぶんじ》元）年としている教科書もある。

一一九二年は源頼朝《みなもとのよりとも》が征夷大将軍《せいいたいしょうぐん》に就いた年であり、八五年には軍事・行政官の「守護《しゅご》」や、税金集めなどをする「地頭《じとう》」を任命する権利を得て、幕府の制度を確立していることから、八五年が鎌倉幕府の成立年となっているのだ。

このような古都鎌倉には、鶴岡八幡宮《つるがおかはちまんぐう》や大仏様をはじめ、建長寺《けんちょうじ》や円覚寺《えんがくじ》など、見所が多い。

その名は『古事記《こじき》』や『万葉集《まんようしゅう》』の時代から知られていた、文字通りの古都だ。

しかし、現在の鎌倉には、鎌倉時代に建てられた建物は一つもない。八件ほど、鎌倉時代の遺物が伝わっているが、これらは石塔である。

もっとも時代がさかのぼるものでも、鶴岡八幡宮末社《まっしゃ》の丸山稲荷社《まるやまいなりしゃ》本殿（一三九八年）、円覚寺舎利殿《しゃりでん》（室町時代中期）、建長寺昭堂《しょうどう》（室町時代後期）しかない。

なぜ鎌倉時代の建造物がないのかというと、一五世紀半ばに京都の朝廷とのあいだで争いが起こり、それに敗れたことによって町が荒廃したことと、天災、特に地震による被害が挙げられる。

円覚寺舎利殿は、源実朝《さねとも》が宋《そう》の能仁寺《のうにんじ》から請来《しょうらい》した仏牙舎利《ぶつげしゃり》を祭るお堂。

かつては鎌倉時代の建物とされていたが、その後の研究により、一五世紀前半の建物が一六世紀後半に移築されたものと判明した。

昭和四三（一九六八）年の修復工事により、古い時代の意匠《いしょう》であるこけら葺《ぶ》きに戻されている（以前は茅葺《かや》きだった）。

現在、円覚寺では毎年一一月三日あたりの三日間にわたって「宝物風入《ほうもつかぜいれ》」が行なわれ、寺が所有している文化財を一般公開すると同時に、舎利殿も見学可能となっている（拝観料の他、特別拝観料が必要）。

たとえ鎌倉時代に築かれた建物ではなくとも、鎌倉時代に中国から伝わった「唐《から》様式《ようしき》」を取り入れた、重厚かつ静謐《せいひつ》な印象を与える舎利殿を見る価値は、十分にあるといえよう。

学校給食で、その日最初に味見をする意外な人物って、誰？

小学校での楽しみの一つといえば、給食だろう。

給食のはじまりは、明治二二（一八八九）年、山形県鶴岡市の小学校で、弁当を持ってくることができない子どもたちのために、おにぎりや焼き魚などを供したことにある。

さて、いまでも続けられている学校給食だが、毎回、生徒に給食を出す前に「味《あじ》見《み》」している人がいる。

実は、味見しているのは多くの場合、校長先生なのである。

文部科学省からの通達である「学校給食衛生管理の基準」によると、「当日の給食については、学校給食調理場及び共同調理場の受配校において、あらかじめ責任者を定めて検食を行なうこと」とある。「検食」といっているのが、味見のことである。

また、検食の際に留意しなければならない点として、

・食品のなかに人体に有害と思われる異物の混入がないか。
・調理過程において加熱・冷却処理が適切に行なわれているか。
・食品の異味、異臭その他の異常がないか。
・一食分として、それぞれの食品の量が適当か。
・味付けや、香り、色彩、形態などが適切になされているか。また、児童生徒の嗜好《しこう》との関連はどのように配慮されているか。

などが記されている。

加えて、同基準によると、児童生徒に対して、パンなどの持ち帰りは衛生上の見

地から禁止することが望ましいともされている。かつてのように気軽に持ち帰ることもできなくなっているのが現状らしい。

なお、現在、一月二四日は「学校給食記念日」となっているが、これは戦後の昭和二一（一九四六）年一二月二四日に東京・神奈川・千葉の各県で学校給食が再開されたことを記念して設けられた日だが、この日はいまでは冬休み中にあたるため、一か月後の一月二四日と定められたのである。

温泉で頭に濡れタオルを乗せる、なるほどの理由とは？

温泉に浸かっている場面には、頭の上に濡れタオルをちょこんと乗せている姿がよく似合う。

だが、この「濡れタオル」は、温泉情緒を醸《かも》し出す単なる小道具ではない。

実は、濡れタオルには、のぼせ防止の効果があるのである。

熱い湯に長く浸かっていると、目の前が霞《かす》んできて、頭がボーっとしてくることがある。

これは、体温が上昇したことによって発汗作用がはたらき、血液の循環が活発化したことによる。そのため、血の流れが多くなり、頭も血が上った状態になってしまう。これが「のぼせ」の仕組みだ。

のぼせにならないためには、適当な時間で湯から上がることが望ましいのだが、のぼせを少しでも抑える効果があるのが、濡れタオルなのである。

濡れタオルは外気に触れることによって冷却される。そのときに気化熱が生じ、頭から熱を失わせてくれるのだ。

また、その冷たいタオルを頭に乗せていることによって、頭が直接冷やされていることも、のぼせ防止には有効となる。

ただし、濡れタオルを乗せていても、のぼせ防止には完全とはいえない。もしものぼせてしまい、ヤバいと感じたら、ひとまず安全な場所で安静にするのがいちばんよい。また、水が入った洗面器に足を浸すのも効果的とか。

冷水シャワーを浴びたり、冷水を桶でザブザブと掛けるなど、体全体を直接冷やしてしまうと、血圧が急に上がってしまうから逆効果となるので、気をつけたほうがよいだろう。

夫婦の絆の象徴とされるオシドリやコウノトリ、実は浮気性？

コウノトリが赤ちゃんを運んでくるという伝承は、ドイツあたりがその起源とされる。

ドイツの国鳥はコウノトリ科のシュバシコウで、この鳥が池や泉から赤ちゃんを運んでくると伝わっている。

また、ドイツの周辺国であるポーランドやロシアにも、同様の伝承がある。

日本におけるコウノトリの生息は、一九二〇年代には全国で推計一〇〇羽まで激減した上、ほとんどが兵庫県北部でしか見られなくなっており、その時点ですでに絶滅への道を歩みはじめていたといえる（川上洋一『絶滅危惧の野鳥事典』東京堂出版）。

人里に近い水田を生息域とする魚やカエルなどをエサとするコウノトリは、農地の減少とともに個体数を減らす運命にあった。

昭和三五（一九六〇）年に福井県で繁殖が記録されて以来、長く繁殖が見られなかったが、平成一九（二〇〇七）年になってようやく自然界でヒナが孵《かえ》り、巣立つようになる。

野生のコウノトリが多く生息する唯一の地域である、兵庫県にある県立コウノトリの郷公園（豊岡市）では、平成二六（二〇一四）年四月に野外の生息羽数は約七〇羽に達している。

以前、同所では、繁殖行動を観察したのだが、興味深い行動が見られた。

それは、コウノトリの「浮気」である。

野生下で五組のペアを観察したのだが、そのうちのあるペアのメスが、つがいのパートナー以外のオスとも連れ添い、交尾もしたのだ。

つまり、「一妻二夫」である。

また、逆に、二羽のメスと交尾したオスもいた。

これは、「一夫二妻」だ。

コウノトリが赤ちゃんを運んでくるというのは伝承なので、実際のコウノトリが貞節《ていせつ》を守っているわけではないが、何だかイメージが崩れる話ではある。

ちなみに、いつも連れ添って仲良くしている夫婦の代名詞である「オシドリ夫婦」

のオシドリは、確かにずっと離れずにいるのだが、それは他のオスがメスにちょっかいを出さないように守っているだけの話だ。

加えて、オシドリのオスは子育てをしない。

メスを守る期間が過ぎると、子育てはメスに任せて、さっさとどこかへ飛び立ってしまうのである。

5章

知ってるようで知らない！

意外な雑学

キーボードの一番上の文字だけで打てる単語とは？

ご自身がパソコンをお持ちなら、キーボードの一番上の文字列をよく見てほしい。

左から順に、「Q・W・E・R・T・Y・U・I・O・P」という配列（QWERTY《クワーティ》配列）になっているのだが、この文字だけを使って打てる単語がある。

それは、「TYPE WRITER」（タイプライター）である。

なぜこのようなことになったのかというと、一説には、タイプライターを販売するときのデモンストレーションで、「誰でもこんなに早く打てますよ」とアピールするためというものがある。

ただし、これには反論もある。安岡孝一氏（京都大学人文科学研究所附属東アジア人文情報学研究センター）によると、機械式タイプライターの黎明期《れいめいき》（一八八〇年前後）は、タイプライターの商標は「Type-Writer」であり、あいだにハイフンが入るため、いくら「TYPEWRITER」と一列に並べても、ハイフンがおなじ列にならなければ宣伝にはならない、という。

また、同氏は「TYPEWRITER」を一列に並べるためにQWERTY配列にした、というのは後世の人が考えたことだろうとも述べている。

一方、よく使う文字の配列しだいによっては、タイプライターのハンマー（活字を打つ棒）がぶつかってしまうので、文字の配列をわざと複雑にしたとする説もあるのだが、当時のタイプライターのハンマー間には自由度があったという意見もあり、これも確証がない。

つまるところ、なぜ一列目だけで「TYPEWRITER」と打てるのかというのは謎のまま。

一九世紀末に数社あったタイプライターの会社が合併し、よりよい配列を考えることをやめてしまった時点で、現在の配列に固定されてしまったのである。

ポケットティッシュは、実は日本の発明品？

日本では、一年間で三〇億個も生産されている「ポケットティッシュ」。

はじめてポケットティッシュが生まれたのは日本で、誕生したのは昭和四三（一九六八）年のこと。

同時に、いまだにポケットティッシュをタダで配っているのも、日本だけでしか見られない行為だ。

昭和四三年、明星産商（高知県高知市）の創業者・森宏氏が考え出したのだが、その経緯はこうだ。

森氏はとある和紙メーカーに勤めていたが、これからはただ紙をつくっていてもだめだと考え、独立する。

当時の販促用グッズとしてはマッチが主流だったが、それに代わるものはないかと思案していた矢先、アメリカから輸入されてきたのがボックスティッシュだった。

そこで森氏は、「これを利用しない手はない」と、小型化して販促用グッズにすることを思いついたというわけだ。

当時は京花紙《きょうはながみ》といって、和紙を薄く漉《す》いたものをちり紙として使っていたが、これをポケットティッシュ用に加工することにした。

だが、ポケットティッシュ用の紙をつくる機械など当時はなかったから、紙を加工するときに使用するドイツ製の機械をもとにして、難産のすえ三年かけて、機械化することに成功する。それは針金を用いて折り畳むというものだった。

こうしてポケットティッシュは誕生した。

はじめて販促用グッズとしてこれを採用したのは富士銀行（現在のみずほ銀行）で、口座開設の贈呈品として配られたのだった。

ちなみに、ポケットティッシュを生み出すきっかけになったボックスティッシュが日本で知れわたるようになるのは、昭和三九（一九六四）年、山陽スコット株式会社（現在の日本製紙クレシア株式会社）から発売されたScotty tissueがはじまりである。

明治時代、人口が日本一だったのは東京ではなかった？

総務省統計局の調査によると、令和二（二〇二〇）年一〇月一日現在の都道府県別の人口は、もっとも多いのが東京都の一四〇四万八〇〇〇人で、次いで神奈川県（九二三万七〇〇〇人）、大阪府（八八三万八〇〇〇人）、愛知県（七五四万二〇〇〇人）、埼玉県（七三四万五〇〇〇人）となっている。

東京都の人口は、全国人口のおよそ一割を占めていることを意味する。

逆に、人口の少ない五県（全国四三位～四七位）を順に記すと、福井県（七六万七〇〇〇人）、徳島県（七二万人）、高知県（六九万二〇〇〇人）、島根県（六七万一〇〇〇人）、鳥取県（五五万三〇〇〇人）となっている。

県別の人口統計を見ると、東京～神奈川～愛知～大阪と、太平洋ベルトの県が上位を占めているが、かつての日本での人口第一位は、実はこれらのなかの県ではなかった。

それは、石川県である。

明治一二（一八七九）年の統計によると、石川県の人口は一八三万人で、次いで新潟県（一五五万人）、愛媛県（一四四万人）、兵庫県（一三九万人）、愛知県（一三〇万人）となっていた。

廃藩《はいはん》置県《ちけん》後には全国で県の統廃合が行なわれたから、いまとは行政区画が違う。石川県には、明治九（一八七六）年四月に富山（新川）県が、八月には福井県が統合された。現在の三県が一つの県だったのだから、かなり大きな範囲を占めていたのは間違いない。

だが、これほど広ければ、住んでいる人びとの気風や風土も違ってくる。「県民性」という言葉をいまも耳にすることがあるが、当時はなおさら土地ごとの性格が異なっていた。

だから、諍《いさか》いも絶えず、県政は大混乱に陥った。

明治一四（一八八一）年二月には、越前《えちぜん》と若狭《わかさ》を合わせて福井県が誕生、その後、旧富山県の地域でも分離運動が活発化し、明治一六（一八八三）年五月には富山県として分かれることになった。

これがいまに繋《つな》がる北陸三県の区画となったのだ。

ちなみに、令和二年一〇月一日現在の石川県の人口は一一三万三〇〇〇人で、全体で見ると三四位。五年前の国勢調査時から比べると、ランキングは同じだったものの、人口は若干減っている。

国が決めた元号とは違う「私年号」って、いったい何？

「天平《てんぴょう》」（七二九～七四八）や「弘安《こうあん》」（一二七八～八七）、「元禄《げんろく》」（一六八八～一

七〇三)、「明治」(一八六八〜一九一二)など、朝廷が正式に定めた年号を「元号《げんごう》」という。

日本の元号は「大化《たいか》」(六四五〜六四九)にはじまり、「令和」(二〇一九〜)まで二四八あるが、実はこれ以外にも元号があった。

それは、「私年号《しねんごう》」と呼ばれる。

平安末期の「保寿《ほうじゅ》」(一一六七年頃)が狭義の意味での私年号のはじまりとされ、他にも「和勝《わしょう》」(一一九〇年頃)などが存在した。ただし、これらが使われていた範囲は、ごく限られたもののようである。

戦国期になると、私年号は東国《とうごく》で広範囲にわたって使われた。「延徳《えんとく》」(一四六二年頃)や「福徳《ふくとく》」(一四九一年頃)などの他、「弥勒《みろく》」(一五〇七年頃)などというものもあった。「福徳」は七福神の福禄寿《ふくろくじゅ》、「弥勒」は弥勒菩薩《ぼさつ》にちなんでつけられている。

私年号は戦国期だけではなく、天災や飢饉《ききん》がある時代も広範囲に広まることが多いが、これは民衆がその願いを年号に込めたともいえるだろう。

私年号はどこに書かれていたかというと、板碑《いたび》がもっとも多く、この他に過去帳や年代記、仏像銘《めい》、巡礼札《ふだ》などにも見られることがある。法隆寺《ほうりゅうじ》金堂《こんどう》に祭られている釈迦三尊像《しゃかさんぞんぞう》の光背銘《こうはい》には「法興《ほうこう》」という年号が見えるが、これも私年号だ。

近代になっても私年号は存在した。明治の自由民権時代に使われた「自由自治《じゆうじち》」（一八八四年）や、日露《にちろ》戦争時代の「征露《せいろ》」（一九〇四年）などがそれだ。

なお、私年号では、ときの天皇に対抗意識をもって立てられる元号（「偽《ぎ》年号」という）なども、おなじ範疇《はんちゅう》のものとして含まれることがある。

「生類憐みの令」で、アサリなどの貝類が例外とされたワケ

五代将軍徳川綱吉《とくがわつなよし》によって出された「生類憐みの令《しょうるいあわれみのれい》」は、主に動物愛護に関する六〇以上の政策の総称で、単独の法律名ではない。

天和《てんな》二（一六八二）年にイヌの虐殺者を死刑にしたのにはじまり、貞享《じょうきょう》二（一六八五）年頃から次第に具体化されていった。

なぜ綱吉がこのような政策を考えたのかというと、天和三（一六八三）年に跡継ぎを亡くしたあとに、母の桂昌院《けいしょういん》が帰依《きえ》していた大僧正隆光《だいそうじょうりゅうこう》に綱吉が占ってもらったところ、嗣子《しし》に恵まれないのは前世で殺生《せっしょう》したためであり、綱吉は戌年《いぬどし》生まれだからイヌを特に大切にするように、とのお達しであったことによる、という説が一般的だ（異説あり）。

対象となった生き物は、イヌやネコにはじまり、ウマ、ウシ、サル、ニワトリ、カメ、ヘビ、あげくにはキリギリス、松虫、イモリなどというものまで保護された。

それは魚も同様であり、生きたまま売ってはいけないことになった。

ウナギやドジョウは致し方なかったが、さすがに貝類は死んだまま売るわけにはいかなかったので、魚屋から激しい陳情運動が行なわれ、何とか例外とすることができたという。

イヌは「犬毛付書上帳《いぬけつけかきあげちょう》」という戸籍簿によって管理され、たとえば飼い犬が逃げ出して行方不明になると、人びとが総出で探しに走ったという。どうしても見つからないときは、代わりのイヌで済ませることもあった。

違反者に対する処罰は厳しく、イヌを斬り殺した者は切腹させられ、鉄砲で鳥獣を撃って商売した者たちのなかには一一人が切腹、子が流罪《るざい》に処せられた一家もある。

このような法律だったから、次第に人びともことイヌに対しては冷淡な態度を取るようになる。一方のイヌも、野犬化が顕著《けんちょ》になる始末。

幕府はそこで、江戸近郊の中野や四谷、喜多見《きたみ》などに犬小屋を設け、収容した。綱吉は亡くなる際、この令は自分の死後も守るようにと言い遺《のこ》したが、この遺志《いし》を継ぐ者は幕府内にもいなかったため、死後一〇日後に廃止された。

ただし、近年では、この令には捨て子禁止や行き倒れ人の保護といった、弱者救済の面も謳《うた》われていたとして、再評価の流れも生まれている。

「脱走すると神罰があたる！」と書かれてる手帖の中味とは？

明治維新が成り、日本ではじめて徴兵令《ちょうへいれい》が敷かれたのは明治六（一八七三）年のこと。

だが、それ以前の数年間は、自ら進んで兵士になった者たちではなかったので、明治初年の「軍隊手帖」には、「脱走した者には神罰があたる」と記されていたほどだ。

その後、徴兵令は、明治一二（一八七九）年に免役範囲を縮小、明治一六（一八八三）年には代人制を全廃し、免役を徴集猶予に変更する。

代人料としては、三〇〇円を納めればよかったが、これも許されない状況となったのだ。明治一六年の脱走兵は、およそ二万一〇〇〇人で、前年よりも約二七〇〇人も増えていた。

明治二二（一八八九）年に徴集猶予を大幅に制限し、昭和二（一九二七）年の兵役法により、ほぼ国民皆兵《かいへい》主義になった。明治元（一八六八）年に神仏分離令《しんぶつぶんりれい》が発布されて、廃仏毀釈《はいぶつきしゃく》が行なわれたことがあるため、「軍隊手帖」には仏罰ではなく神罰と記されていたのだろうが、どれほどの効果があったのかは定かではない。

高さ一五キロ！ 人類が確認できる一番高い山は何処にある？

地球上の最高峰は、チベットとネパールにまたがるエベレスト（チベット名はチョモランマ、ネパール名はサガルマータ）で、八八四八メートルの高さ。

では、人類が知りうるなかでの最高峰はどこにあるのかといえば、その山は火星にある。

オリンポス山がそれで、太陽系のなかでもっとも高い山だ。

山の高さは二五キロというから、エベレストのおよそ三倍にもなる。斜面の最大傾斜角度は数度しかないため、裾野《すその》の直径は六二四キロにも広がっている。

火星は、地球以外では、惑星のなかではもっとも起伏に富んだ地形を持っており、オリンポス山の他にも、深さ六キロ、直径二〇〇〇キロのクレーターである「ヘラス平原」や、長さ四〇〇〇キロの「マリネリス峡谷」、高さ一〇キロの「タルシス台地」など、巨大な規模の地形が刻まれている。

地球の直径は一万二七四一・九キロで、火星の直径はその約半分しかないのに、表面積は地球と近い。ということは、それだけ火星の表面が起伏に富んでいることになる。

火星は太陽系のなかでも地球によく似た環境を持っているといわれる。

火星の北半分を占める低地には、昔は大きな海もあったのではないか、と推測されているほどだ。

また、二〇〇三年に打ち上げられた火星探査機「マーズ・エクスプレス」により、火星の高緯度地域に氷があることも確認された。

水の存在が確認されたのは、地球以外の惑星でははじめてのこと。今後は、生命の存在を確認するために、人類は努力することになる。

サンタクロースの故郷は、実はヨーロッパではなかった？

クリスマスになると、トナカイに乗ってプレゼントを持ってやってくる……。サンタクロースは、雪やトナカイといったところから、寒い北国出身のイメージが強いが、実はサンタクロースは、トルコ生まれである。

といっても、実際のサンタではなく、モデルとなった聖ニコラウスのこと。聖ニコラウスは三世紀後半、小アジアの古代都市・ミュラで生まれた。ミュラはいまでいうと、トルコ内にあたる。

一〇七一年、聖ニコラウスの遺骨がコンスタンティノープルから北イタリアへ移されるに際し、ヨーロッパ中に彼の伝説が広まっていった。

たとえば、ある亭主にメッタ切りされた三人の悪い生徒を再びよみがえらせたとか、貧しい家の三人の娘が嫁いでいけるようにと三夜連続で金の球を家の窓に投げ込んだ、などである。

聖ニコラウスの生涯は不明な点が多いが、それらの伝説の他、多くの善人の行ないが合わさって「サンタクロース」が形成されていったようだ。

日本ではサンタクロースの方が有名だが、ヨーロッパでは聖ニコラウスの方が名が知られており、彼が亡くなった一二月六日は「聖ニコラウス祭」（聖ニコラス祭）として称えられており、クリスマス前の行事となっている。

だから、サンタクロースがプレゼントを持って一二月二五日にやってくる、という風習が一般的でない地域もあり、オーストリアのチロル州では、いまからおよそ三〇年ほど前にようやくその習慣がはじまったばかりという。

水族館の前身の名前はなんと「うおのぞき」？

沖縄県にある「沖縄美《ちゅ》ら海《うみ》水族館」には、世界最大級の大水槽「黒潮の海」がある。この水槽は、長さ三五メートル、幅二七メートル、深さ一〇メートルもの容量を持ち、水量は七五〇〇トンに達する。

エメラルドブルーの「海」に、サメやエイが泳ぐ姿を見ると、まるで海に潜《もぐ》っているような錯覚に陥ってしまう。

日本にはこの他、トンネル状に水槽をつくって、その下を観客が通る仕組みになっているなど、趣向を凝《こ》らした水族館が多くある。

日本に水族館が生まれるきっかけは、明治一〇（一八七七）年に動物学者エドワード・S・モースが神奈川県の江《え》ノ島《しま》に「江ノ島臨海実験所」を設立した際に、水族館を併設したことによる。

これより数年後の明治一五（一八八二）年、上野動物園の一角に淡水魚の展示施設が設けられた。この施設は「観魚室」と書いて「うおのぞき」と呼ばれ、実質的な日本初の「水族館」とされる。

そして明治一八（一八八五）年、浅草《あさくさ》水族館が開館。はじめて「水族館」と名乗った施設が開館した。

「水族館」という名称を誰がつけたのかはいまだに不明だが、「アクアリウム」

(Aquarium)という言葉はそもそも「水と器」を意味するラテン語であり、これに「族」や「館」といった文字をあてることによって大衆に受け入れられ、定着させることに成功したといえる（奥村禎秀『水族館狂時代』講談社）。

さて、水族館のはしりとされる前述の水族館だが、それらには水の循環濾過《ろか》装置がついておらず、いわば水槽を置いただけという施設だった。

日本ではじめて循環濾過装置を備えたのは、明治三〇（一八九七）年に開業した神戸市の「和楽園《わらくえん》水族館」であった。

武士である平氏に切腹の記録がないのは、なぜ？

文献上に見える最初の「切腹」は、『保元《ほうげん》物語』に記された源為朝《みなもとのためとも》とされるが、それ以前の時代から、切腹をすることによって身の潔白を晴らしたり、自らの最期を遂《と》げるという考えはあったようだ。

だから、切腹はいつの時代の武士も取り入れていると思われるだろうが、「切腹をした」という記述が見えない人びとがいる。

それが実は、「平氏《へいし》」である。

平氏は源氏《げんじ》とともに、平安時代を舞台に歴史をつくった人びとだが、「切腹して果てた」という記録がどこにも見られないのだ。

大隅三好『切腹の歴史』（雄山閣出版）によると、その理由の一つとして、平氏は公家《くげ》を倒して天下の権を握ったが、その途端公家になってしまったことを挙げている。

つまり、武士から脱皮して公家になった彼らには、切腹という行為は野蛮《やばん》で原始的なものに見え、また、そのような蛮勇《ばんゆう》を必要とする切腹を成し遂げる勇気を失っていたというわけである。

さらにその他の理由としては、平氏の没落に遭遇したのは平氏の実権を築き上げたいわゆる「一世」ではなく、その子孫の代であったので、武よりも「文」に意識が傾いていたこともあるようだ。

平氏が滅亡する最後の戦である壇《だん》ノ浦《うら》の戦い（一一八五年）で、敵の大将である源義経《よしつね》を追いつめた能登守教経《のとのかみのりつね》でさえも、安徳《あんとく》天皇の入水《じゅすい》を見届けた後、切腹ではなく、海に身を投げて死んでいる。

なぜ、女性は甘いものに目がないのか？

一九九〇年の後半から、甘い物を「デザート」とはいわず「スイーツ」(sweets)と呼ぶようになったが、これはきちんとした英語であり、日本人の造語ではない。

スイーツの食べ放題などを催している有名ホテルもあるほど人気は高いが、主なターゲットはもちろん、女性だ。

なぜ、女性は男性よりも甘い物に目がないのかというと、実は女性ホルモンの関係により、女性の方が甘い物を食べると「美味しい」と思う割合が多いようなのである。

大阪大学大学院の山本隆教授によると、ラットを使って、「美味しい」と感じることに性差があるかどうか調べたところ、オスとメスに違いが見られたという。

実験方法は、「二瓶法」といい、以下のように進められる。

二つの瓶を使い、一方の瓶には蒸留水を、もう一方の瓶にはショ糖溶液を入れて一晩置いておき、次の日によく飲んでいる方を見れば、どちらを好むのかがわかる、というもの。

結果は、オスとメスともに、蒸留水に比べてショ糖溶液を多く飲むのだが、飲む量の割合が、メスの方がより多いことがわかったのだ。

ショ糖溶液の代わりに、サッカリンや食塩水、コーンオイルでも、実験結果は同じだった。ただ、うま味（グルタミン酸＋イノシン酸）については、性差が見られなかったという。

さて、味覚を脳に伝える神経には性差はないので、脳に性差があるのではないか、ということで、美味しさに関わる物質であるモルヒネを使って、実験を行なうことにする。

モルヒネの効き方に性差があるのかどうか、ということを調べるのである。

モルヒネを脳質内に投与すると、砂糖水を多量に飲むということがわかっているのだが、実際に投与してみると、メスの方がオスよりも嗜好度《しこうど》が高まることが判明したのだ。

この結果を受けて山本教授は、男性よりも女性の方が、モルヒネ類似物質に対して感度がよいのではないか、と考える。

つまり、「甘い物」に対しては女性の方が、より美味しいと感じるのではないか、ということである。

最近は、男性向けの「スイーツ食べ放題」が開かれているというが、これは男性が徐々に女性化している、ということなのだろうか。

厳島神社の床板が自由に外れるその理由とは？

厳島《いつくしま》神社（広島県廿日市市《はつかいち》）の創建は推古《すいこ》天皇元（五九三）年で、平安時代の仁安《にんあん》三（一一六八）年に平清盛《たいらのきよもり》の後援によって今日のような廻廊《かいろう》を持つ姿となった。

神社の境内《けいだい》は遠浅の御笠浜《みかさのはま》にあるが、厳島神社のように、海を敷地とする神社は世界でもまれといえる。

神社には幅四メートル、長さ二七五メートルの廻廊がめぐらされているが、厳島神社は浜に建てられているため、満潮時でしかも大潮《おおしお》となる日や、台風などの大きな水害時には、海水が廻廊の上まで達してしまうことになる。

そこで厳島神社では、海水で廻廊が被害を受けないように、床板のあいだに「目透《めすか》し」という隙間《すきま》があり、下から攻めてくる海水の圧力を弱める仕組みになっている。さらに、廻廊に敷かれている板は釘《くぎ》で止められてはいないので、海水で満たされると外れるようになっているのだ。

現在、厳島神社内の多くの建物は国宝であり、また全体はユネスコの世界遺産に登録されている関係で、おいそれと建物の一部を失わせることができない。

そのため、板が流出しないように、災害時には石を上に乗せて重《おも》し代わりにしている。江戸時代には、境内に建てられていた石灯籠《いしどうろう》が重しとして使われていた。

平成一六（二〇〇四）年九月に襲来した台風の際、廻廊の五〇センチ上まで冠水し、国宝の左楽房《さがくぼう》は倒壊した。全三七棟のうち、国宝や重要文化財三〇棟が被害を受けた。修復にはおよそ二年かかり、修復費用は約八億円に達している。

廻廊の板を固定していないということは、平清盛もある程度の水害はやむを得ないと思っていたのだろう。

ちなみに、厳島神社の建物でもっとも有名なのが大鳥居《おおとりい》（重要文化財）だが、この大鳥居の根元は海底に埋められているわけではなく、自らの重みで建っているにすぎない。

鳥居の上部にある島木《しまぎ》（横になっている木）のなかがくりぬかれ、そこにこぶし大の石が七トン分も詰められており、重しとなっているのだ。

また、普通の鳥居とは異なり、六本足の構造になっているなど、倒れにくい仕組みになっている。湾内に建てられた世界でも類いまれな神社は、あちこちに建築上の工夫が見られるのである。

落語『目黒のサンマ』のモデルは、実はあの人？

ある秋のこと。

平穏な世の中ですごしているお殿様は、何もすることがないので、目黒《めぐろ》に鷹狩《たかが》りに出かけることにした。当時の目黒は草深い地だった。

さんざん鷹狩りを楽しんだお殿様はお腹が減ってきたのだが、お供は食事の用意をしていなかった。すると、近くで魚を焼いている匂いがする。

「この匂いは何じゃ？」と、お殿様。

「これはサンマと申しまして、庶民が口にする魚でございます」と、お供。

空腹になっているところへ、サンマのいい匂いを嗅《か》いだものだから、お殿様は我慢ができず、サンマを食する準備をさせた。

大満足して城へ帰ったお殿様。あのサンマの味が忘れられず、城内でもサンマを出させることにしたのだが、もう旬《しゅん》はすぎており、しかもお殿様が骨をつかえてはいけないということであれこれやっているうち、姿形はあのときのサンマとは似ても似つかないものになった。

しぶしぶ口にしたお殿様。だが、やはり味に納得できなかった。

そこで一言。

「サンマは目黒に限る」

＊

落語の古典、『目黒のサンマ』とはだいたいこのような内容である。

実はこの話に登場する「お殿様」とは、八代将軍徳川吉宗《よしむね》のことだ。

吉宗の時代は江戸時代のちょうど真ん中にあたり、争いのない世の中。そこで吉宗は武士としての心を取り戻すためか、鷹狩りを復活させた。

いまでこそ目黒は高級住宅街だが、当時はキジ撃ちやイノシシ狩りができるほど草深い山林が広がっていたのだ。

　このエピソードが古典落語に取り入れられ、『目黒のサンマ』という噺《はなし》になった。「いかに旬が大切か」という日本人の粋《いき》が伝わる話ともいえる。

　なお、お殿様のモデルの他に農民側にもモデルがいる。

　昭和二九（一九五四）年某月の『毎日新聞』に、かつて目黒で茶屋を開いていた彦四郎《ひこしろう》という百姓の子孫宅に「将軍休息の図」や「将軍御成之節記録覚《しょうぐんおなりのせつきろくおぼえ》」が伝わっているという記事が掲載されたことがあるのだ。

　ただし、彦四郎じいさんがサンマを焼いて出したのは吉宗ではなく、三代将軍の家光《いえみつ》だった。

『目黒のサンマ』の主人公が吉宗をモデルにしたといわれているのは、「享保《きょうほう》の改革」などで善政を敷いた吉宗の方が、庶民にとっては身近だったからかもしれない。

コロッケの語源は「カリカリするもの」？

　ワイフもらってうれしかったが

いつも出てくるおかずがコロッケ
今日もコロッケ 明日もコロッケ
これじゃ年がら年中 コロッケ

という歌詞の『コロッケの唄』が大正七、八年頃に流行《はや》ったことがある。

いまでも好きな人は多いが、当時のコロッケは歌ができるほど、人気が高かったのだろう。

「コロッケ」という言葉の語源はフランス語の「クロケット」(croquette)で、これが英語に訛《なま》ったあと、日本語として入ってきたもののようだ。

フランス語で「クロケー」(croquer)とは「カリカリする」という意味なので、コロッケとは「カリカリするもの」といった意味を持つ。

一方、コロッケの材料となるジャガイモは一六世紀末には日本に伝わっていたが、お菜《かず》として使われていただけで、洋風料理の素材となったのもまた、大正時代だった。

ちなみに、ジャガイモの正式名は「ジャガタライモ」といい、略して「ジャガイモ」と呼ばれる。

ジャガタラとはジャワ島の都市・ジャカトラ（Jacatra。のちのジャカルタ）が由来だが、ジャガイモの発祥はジャワ島ではなく、南米である。

身長一九七センチの大男・豊臣秀頼は本当に秀吉の子？

豊臣秀頼《とよとみひでより》（一五九三〜一六一五）は秀吉《ひでよし》が五七歳のときの子どもで、淀殿《よどどの》を母として大坂城内で誕生した。

それまで秀吉には、大勢の側室《そくしつ》がいたにもかかわらず子がいなかったことから、「秀頼は秀吉の子ではない」という噂もささやかれた。

その原因の一つが、秀頼の体格である。

伝わるところによると、秀頼の体格は身長が六尺五寸（約一九七センチ）、体重が四三貫（約一六一キロ）とされ、かなりの巨漢だったことがわかる。

戦国時代当時の日本人は、身長は五尺（約一五二センチ）もあれば上等で、この時代に二メートル近い身長があったなら、さぞかし目立ったことだろう。

秀頼が生涯で城の外に出たのは二回のみで、一回目は伏見城《ふしみじょう》から大坂城へ移るときで、二回目は徳川家康《いえやす》に接見するため二条城《にじょうじょう》に赴《おもむ》いたときである。家康との接見は慶長《けいちょう》一六（一六一一）年三月二八日のこと。このとき、秀頼は一九歳になっており、立派な青年大名としての風格を備えていた。

一説によると、このとき家康は秀頼を見たことによって、豊臣氏を打倒しなければならないと決意したともいわれるが、家康がそのように思った原因には、秀頼の偉丈夫《いじょうぶ》な体格があったのではないか。

つまり、堂々たる体格を持つ秀頼が、この先どのような手を打って出てくるのか、家康は秀頼に会ったとき、逡巡《しゅんじゅん》したであろうことは想像に難《かた》くない。秀頼の体格と、そのお膝元《ひざもと》である大坂の活気みなぎる勢いが、家康を追いつめていたともいえるのである。

ちなみに、「秀頼は秀吉の子ではない」という説については、当時から俗説の類《たぐ》いがあった。父親としては大野治長《おおのはるなが》説や石田三成《いしだみつなり》説がある。

大野治長などは淀殿の寵愛《ちょうあい》を受けていたともされるが、巷《ちまた》の噂話を鵜呑《うの》みにして書かれた可能性もあり、一概に信じることはできない。

実は、「真剣白刃取り」で真剣は止められない？

敵が振り下ろす刀を、両の素手でパッと挟み込むのが「真剣白刃取り《しんけんしらはど》」だ。
柳生新陰流《やぎゅうしんかげりゅう》では秘技と伝わり、柳生宗巌《むねよし》（一五二九～一六〇六）が徳川家康の前で披露した技が、真剣白刃取りだったと伝わる。

だが、柳生宗巌が真剣白刃取りを披露したというのは作り話であり、真剣白刃取りという技はない。

新陰流にあるのは、「無刀取り《むとうど》」という技で、文字通り、刀を持たないで敵と対する方法である。

宗巌が、流祖である上泉伊勢守秀綱《かみいずみいせのかみひでつな》から助言を得て手に入れた技だが、宗巌自身はその詳細を遺すことはなかった。

それが明らかになったのは、宗巌の子である柳生宗矩《むねのり》が著した『兵法家伝書《へいほうかでんしょ》』によってである。この書によると、無刀取りとは、

①刀を持っていないときに斬られないように、さまざまな道具を使う技

②敵との間合いがどれだけあるか、つまり「間積《まづも》り」が大切

③相手の刀があたらない距離では刀は取れない。すなわち、斬られて取る心がないといけない

などと説明されている。つまり、「刀を持たないときにどうするか」というのが無刀取りの原点で、素手で刀をつかむことが主眼となっているものではないのだ。真剣白刃取りは、この無刀取りをもとにして装飾された想像上の技といえよう。

鎌倉幕府の将軍は三代ではなく、九代までである？

鎌倉幕府の将軍といえば、初代源頼朝《よりとも》、二代源頼家《よりいえ》、三代源実朝《さねとも》がすぐに思い浮かぶところだろう。

承久《じょうきゅう》元（一二一九）年、鶴岡八幡宮《つるがおかはちまんぐう》での右大臣拝賀《はいが》のとき、三代の実朝が甥《おい》の公暁《くぎょう》に暗殺された事件は有名で、いまだに黒幕の謎を解き明かす試みもなされている。このときの印象が強いのか、鎌倉幕府の将軍は三代実朝をもって途絶えたと覚えている方も少なくないのではないだろうか。

だが、鎌倉将軍はその後も続いており、実は九代までいるのである。

実朝暗殺後、頼朝の系統は途絶えたが、京都の朝廷に対抗するため摂関家《せっかん》の子弟や皇族が京都から迎えられることとなり、将軍職に就いたのだ。

実権は北条《ほうじょう》氏が握っていたので、それらの将軍は表面上のことにすぎなかった。だから、歴史の教科書などでは北条氏についての記述が増え、一般的な知識として広まらなかったのかもしれない。

では、ここで四代以降の将軍を紹介すると、四代藤原頼経《ふじわらのよりつね》、五代藤原頼嗣《よりつぐ》、六代宗尊親王《むねたかしんのう》、七代惟康《これやす》親王、八代久明《ひさあき》親王、九代守邦《もりくに》親王となっている。

四代と五代、六代と七代、八代と九代は、それぞれ父子の関係である。

北条氏は名目上の将軍さえいればよいのだから、幼い子どもを将軍とし、成人すると京都に送り返すということを繰り返していた。一三歳で将軍となった八代久明親王も、徳治《とくじ》三（一三〇八）年、三二歳のときに京都に送り返されているが、これも北条貞時《さだとき》によって邪魔者扱いされた結果であった。

鎌倉幕府最後の将軍、九代守邦親王は、幕府が滅んだ元弘《げんこう》三（一三三三）年には三二歳になっており、いずれにせよ、京都に返されるのは時間の問題だったともいえる。

かつて「とうがらし」というしこ名の力士がいた？

力士の名前を「しこ名」という。しこ名は古くは「醜名」と書くが、醜には「強い」という意味があり、自らを卑下《ひげ》し謙遜して使うこともある。

昭和の時代まで、ほとんどの力士はメディアの前では言葉少なだったが、その気風を表すかのようだ。

現在の力士には立派なしこ名が多いが、明治時代には思わず吹き出してしまいそうなしこ名を持つ力士も少なくなかった。

明治二八（一八九五）年春場所から明治三一（一八九八）年春場所まで幕内で活躍した「唐辛」という力士も、その一人。「唐辛」と書いて、「とうがらし」と読む。

なぜこのようなしこ名がついたのかは不明だが、かつて力士のしこ名は後援者がつけることが多く、後援者は力士を男芸者として扱うことも少なくなかったことから、面白半分につけたこともあったようだ（ただし、出世できないような位の力士に限る)。

　また、後援者が宣伝のためにしこ名を利用したこともあったようで、開隆堂という出版社の社長が後援会長だった力士のしこ名は「開隆山《かいりゅうざん》」だった。

　その他、珍しいしこ名としては、元禄《げんろく》時代には「近松門左衛門《ちかまつもんざえもん》」、明治時代には「猪シ鍋吉《いのしなべきち》」「文明開化《ぶんめいかいか》」「百足山千太《むかでやませんた》」「自転車早吉《じてんしゃはやきち》」、大正時代には「突撃進《とつげきすすむ》」などというものもあった。

　ちなみに、平成一七（二〇〇五）年のNHKによる調べでは、しこ名に多く使われている漢字のベストテンは、順に「山」「の（ノ）」「大」「田」「海」「龍」「若」「乃」「富」「北」となっている。「山」にいたっては、九二回も使われていた。二十年ほど前のデータではあるが、現在（二〇二二年四月末）の番付と比べてみてもそれほど差異はない。

日本で「菊石」「かぼちゃ石」と呼ばれる化石って何？

三葉虫《さんようちゅう》や恐竜などとともに有名な化石で、「菊石《きくいし》」や「かぼちゃ石」と呼ばれたものといえば、何かおわかりだろうか。

正解は、「アンモナイト」である。

アンモナイトという言葉を生み出したのはフランスの動物学者ブリュギエールで、一七八九年に「アモン（Ammon）の石（-ites）」という意味から「アンモナイト」（Ammonites）という造語を考えた。

アモンとは、古代エジプトの主神で、テーベの守護神。一般的にはアメンと呼ばれる。アモンは頭にらせん状に巻かれた角を持ち、雄のヒツジに似ている。夭折《ようせつ》したツタンカーメン王もアメンを信仰していたし、事実、彼の名前を分解してみると「Tut-ankh-amen」となり、「amen」の文字が入ってることがわかる。

中世ヨーロッパにおいては、アンモナイトはヘビがとぐろを巻いて石化したものとされていたため、「ヘビ石」（Ophites）といわれ、お守りとしても用いられていた。

日本で「菊石」と命名したのは古生物学者・地質学者の横山又次郎（一八六〇〜一九四二）で、日本の古生物学の基礎を築いた第一人者。文字通り、菊の花からの命名だ。ドイツの地質学者・ナウマンを助けたことでもその名が知られる。なお、「かぼちゃ石」という名称は、北海道で呼ばれていた名前である。

日本初のプロボクサー・白井義男の初戦の相手はあの動物？

昭和二七（一九五二）年五月一九日、日本人初の世界チャンピオン（第一六代フライ級）となった、白井義男。

昭和一八（一九四三）年一一月にデビュー戦を一ラウンド、ノックアウトで飾るものの、第二次世界大戦で召集され、中断。昭和二一（一九四六）年に復員する。

昭和二三（一九四八）年より、アルビン・カーン博士によって科学的コーチを受けて以来、瞬《また》く間に活躍し、昭和二七年に後楽園球場（東京都文京区）でアメリカのダド・マリノを破った。

戦争に負け、戦後の貧困と混乱のなかで自信を失い、生きる目標を見失っていた日本人にとって、敵国だったアメリカのボクサーを相手に堂々と戦い、世界の頂点にたどりついた白井義男という若者は、一躍、すべての日本人の憧れの的となった。

白井義男は昭和一八年にプロデビューを飾る前、一度だけ「対戦」したことがあるのだが、その相手は実は人間ではなかった。

相手は、カンガルーであった。

白井が高等小学校に通っていたとき、荒川区三河島の住まいの近所にサーカスがやってきたので、白井は級友とともに見物に出かけた。

昭和の初期はサーカスが全盛期を迎え、軽業《かるわざ》や動物芸と一緒に、カンガルー・ボクシングもあったのだ。

リングアナウンサーは、「昨日も五、六人を相手にしたが、そのうち三人はKOされ、いまも病院に入っている」と前口上を述べ、参加者を募《つの》ったが、誰も手を挙げない。

すると仲間が白井を推薦。仕方なくリングに立つことになった。

黄金バットが着るような、内側が深紅《しんく》で外側が黒のマントに身を包んだカンガルーが登場し、いざ試合開始。

三分、二ラウンドではじまったカンガルーとの試合は、そんなに簡単なものではなかった。

というのも、カンガルーはバネがあり、アッパーが得意だったからだ。アッパーは下から突き上げる「フリッカージャブ」で、白井は自伝『ザ・チャンピオン』（東京新聞出版局）のなかで、「人間でこのジャブにお目にかかったのは、後に私がタイトルに挑戦したダド・マリノがはじめてだった」と述べている。

お客さんも盛り上がっているが、応援するのはカンガルーの方だった。

試合結果はというと、カンガルーの反則負け。カンガルーのパンチが白井の急所にあたったためだった。

「鵜飼い」の鵜匠は、れっきとした国家公務員だった？

長良川《ながらがわ》（岐阜県）の夏の風物詩といえるのが、「鵜飼《うか》い」。鵜飼いは、鵜匠《しょう》が一〇～一二羽の鵜を手縄《たづな》であやつり、鵜に鮎《あゆ》を捕らせるという、日本の伝統漁法の一つだ。

その歴史は古く、いまからおよそ一三〇〇年もさかのぼることができる。

律令《りつりょう》時代、鵜飼人（鵜匠）は宮廷直属の官吏《かんり》として漁をしていたという記録も残っており、それ以後、各地の鵜飼いは大名の庇護《ひご》のもと、代々受け継がれてきた。

長良川の鵜飼いは織田信長《おだのぶなが》や徳川家康などからも保護を受けていたし、松尾芭蕉《まつおばしょう》も「おもしろうてやがてかなしき鵜舟かな」と、鵜飼いを俳句に詠んでいる。だが、明治維新の後、大名による保護もなくなってしまったため、鵜飼いの伝統の火は消えようとしていた。

そこで、明治二三（一八九〇）年、当時の岐阜県知事によって提言がなされたことから、鵜匠には宮内省職員の身分を与えて、伝統を存続させることになったという。

このことから、現在は「御料鵜飼《ごりょう》」と呼ばれ、古津《ふるつ》地区と立花《たちばな》地区の二か所において、毎年八回ずつ御料鵜飼が披露されている。

古津地区の御料鵜飼には、駐日外国大使などを招待することもある。喜劇俳優チャップリンも鵜飼いが好きで、二度（昭和一一・三六年）も見物している。

ちなみに、風邪などを引かないように、「ガラガラ、ゴロゴロ」と水でのどを洗浄することを「うがい」というが、この言葉の語源も「鵜飼い」からきている。つまり、鵜が魚を飲み込むときに頭を上にあげてのどを動かすことからきた言葉だったのだ。

宛名の「殿」は、目上の人に使ってはいけない？

書簡《しょかん》の意味を持つ「手紙」という言葉は、日本でつくられた独自の熟語だ。「葉書」という言葉も昔から使われているもので、古くは「端書」や「羽書」とも書いた。

手紙に関するしきたりも日本独特のもので、いまでも正式な手紙では、冒頭に「拝啓」や「前略」と置き、末尾にはそれぞれに対応する言葉として「敬具」「草々」と書かれる。

宛名としては「様」や「殿」「御中」が用いられるが、これらはどのように使い分ければいいのだろうか。

「様」は相手が人の場合に一般的に使われ、これを使っておけば間違いない。また、宛名として二人同時に書くときは、二人別々に様をつけたほうが丁寧だ。「手間を省《はぶ》かない」ということが、手紙を書く上での礼儀となる。

「御中」は会社などの団体宛のときに使うのは、もう常識の範囲だろう。

では、「殿」はどうか。

殿は、テレビの時代劇などで、尊称としてつけられることがあるため、手紙の個人名でも使えそうだが、実は「殿」は目下の者や、役所が個人宛に用いることが多いため、使わないのが無難なのだ。殿を使うと、横柄《おうへい》な印象を与えてしまうのである。

ちなみに、冒頭で記したように、「手紙」が書簡を指すというのは日本だけで通用することで、漢字の母国・中国で「手紙」といえば「トイレットペーパー」を指す。「手で使う紙」と解釈されてしまうのである。

カーリングでストーンを止める円を「ハウス」と呼ぶワケ

二〇〇六年のトリノオリンピックに「チーム青森」が登場したことで、一躍注目を集めたのが、カーリングだ。また、二〇二二年二月の北京オリンピックにおいて、「ロコ・ソラーレ」が銀メダルを獲得したことは記憶に新しい。

「氷上のチェス」と称されるカーリングは、四人一組となった二チームの対戦によるゲーム。長さ四四・五メートルの先に描かれたサークルをめがけて、各チームが八回ずつストーン（競技に使われる、約二〇キロの円盤形の石）を滑らせ、最終的にサークルの中心に近い方が勝ちとなる。これを一〇回（カーリングでは回をエンドと呼ぶ）行ない、総得点で勝敗を決する。

氷上に描かれたこのサークルだが、カーリング用語では「ハウス」という。一家の中心になる人はきまって真ん中に座る、という意味合いだ。

ハウスは四つの同心円が合わさってできており、外側から、直径一二フィート（約三・六六メートル）、八フィート（約二・四四メートル）、四フィート（約一・二二メートル）となり、最後の中心円（「ボタン」という）は直径一フィート（約三〇センチ）となっている。

ストーンが通る道を箒《ほうき》で素早く掃《は》きながら、目標とする場所に置いたりあてたりしている姿を映像などで見た人もいるだろう。

あの箒は「ブルーム」といい、これで氷の表面をさすると氷が溶けて水になり、それが膜となってストーンの滑りがよくなる、という仕組みだ。

一七六〇年、スコットランドの首都エジンバラにキャノンミルズ・クラブが創設、一八三八年にはロイヤル・カレドニアン・カーリングクラブが設立され、そこでルールができて、カーリングは徐々にスポーツとして広がっていった。

国際カーリング連盟ができるのは一九五七年（その後、一九九一年に世界カーリング連盟に変更）で、九八年の長野オリンピックより正式種目となった。

「チーム青森」を輩出した青森市では、平成一四（二〇〇二）年一二月に公式大会のできる冬季専用のカーリング場を常設設置し、平成一八（二〇〇六）年一二月には市立の小学校に県内小学校初となるカーリング部が誕生しているなど、カーリングに力を注いでいる。

また、北京オリンピックで銀メダルに輝いた「ロコ・ソラーレ」の本拠地、北海道北見《きたみ》市常呂《ところ》町には通年型のカーリングホールがあり、「カーリングの聖地」と呼ばれている。「北見カーリング協会」には約八〇のチームが登録されており、競技人口は約四〇〇人という。北見から続々とカーリング選手が輩出されるのも納得だ。

意外！「ガタピシ」という言葉は、実は仏教用語だった？

戸や障子の立て付けが悪く、動かすたびにガタガタと鳴るときの音を「ガタピシ」と表現する。「この障子は最近ガタピシいうなぁ」などといい、半ば壊れている状態をも指している。

この「ガタピシ」という言葉だが、実は仏教用語ではないかという説がある。

仏教において、自分（我）と他人（他）、あれ（彼）とこれ（此）と、物事が対立して決着しないことを「我他彼此《がたひし》」という。縁起《えんぎ》（因縁《いんねん》によってあらゆる物事が生じること）を重視する仏教においては、この我他彼此のような、「個を個としてのみ把握する」という考えは否定的に捉《とら》えられているというべきだろう。

有職故実《ゆうそくこじつ》の学に精通している国学者・槇島昭武《まきしまあきたけ》が編み、享保《きょうほう》二（一七一七）年に刊行された『和漢音釈書言字考節用集《わかんおんしゃくしょげんじこうせつようしゅう》』には「我他彼此（本朝《ほんちょう》ノ俗語《ぞくご》）」とあることからも、「ガタピシ」という言葉は江戸時代にはすでに本朝（「わが国の朝廷」「わが国」の意）のものとして理解されていたといえる。

ただし、この説には異論もあるようだ。

イエズス会宣教師の手になる日本語・ポルトガル語辞典である『日葡辞書《にっぽじしょ》』（慶

長八〈一六〇三〉年に本編、翌年補遺《ほい》が長崎で出版された）には、「ガタガタ」という言葉の解説として、それが副詞であり、物が風などによって立てる音であることが解説されている。このことから考えると、江戸時代以前にはガタガタという擬音語が広く使用されていたともいえる。

擬音語と仏教語が混じることで、「ガタピシ」という日本語が生み出されたともいえるだろう。

6章

つい人に自慢したくなる！

とっておきの雑学

カニの名前「タラバ」「ズワイ」のその意味とは？

「カニの王様」とも称されるタラバガニ。

実はカニの仲間ではなく、ヤドカリの仲間である。

分類上はタラバガニ科ではあるが、科の一つ上のグループとしてはヤドカリ下目《かもく》に属しているのだ。

名前についている「タラバ」は、漢字で書くと「鱈場」となるが、深海に生息している魚の鱈を穫るときに、一緒に網に引っかかってくるカニであることから「鱈場」という名称がついた。

実際に、タラバガニは北海道以北の日本海や北太平洋で穫れるから、鱈の漁場ともほぼ重なっている。

一方、ズワイガニの「ズワイ」は「楚《すわえ》」が訛《なま》ったもの。楚とは細い木の枝を指す言葉で、ズワイガニの足の細さから連想されたようだ。

なお、小林多喜二《こばやしたきじ》の小説『蟹工船《かにこうせん》』のなかで描かれている船が穫っているカニこそ、タラバガニである。

なぜイカやカニは「一杯」と数えるのか？

イカやタコを数えるときは、「一匹」「二匹」とはあまりいわない。ほとんどの場合は、「一杯」「二杯」だ。

まれにこれらを「匹」で数えることがあるが、それはイキのよさをアピールする場合に限られる。

では、なぜイカやタコは「杯」なのかというと、それは「さかずき」の意味の杯からきているとする説が有力である。

北海道渡島《おしま》地方の郷土料理である「いかめし」を思い出すとわかりやすいが、イカの足をとって逆さまにすると、徳利《とっくり》のような形になる。そこから「杯」が用いられたようだ。

ここから付随して、甲羅《こうら》を開けると杯のようになることから、カニも「一杯」「二杯」で数えられるようになった。

なお、「ハイ」という呼び名の助数詞は昔からあり、寛正《かんしょう》六（一四六五）年の『親元日記《ちかもとにっき》』には、「盃」の字が見える。

また、『節用集《せつようしゅう》』（室町から江戸期につくられた国語辞書）では、イカやカニを「輩」の字を用いて数えている。

白身魚が赤身魚よりも身がほぐれやすい理由は？

白身魚の焼きものを食べるとき、身が固まりでホロッと取れることがある。食欲をそそられる瞬間だ。

だが、赤身の魚の場合、焼き過ぎたものの身はボソボソしてしまう。

これは、魚の肉の筋繊維《きんせんい》を構成している物質の違いによるものである。これに含まれる主な物質を「ミオゲン」というが、白身魚の場合はミオゲンが二〇％含まれているのに対し、赤身魚は三〇％も含まれている。

つまり、赤身魚の方が身がしっかりと詰まっている割合が高い、ということになる。

裏を返せば、白身魚はそれだけ身が崩れやすいといえるのだ。

ミオゲンとともに筋繊維をつくっている物質に「ミオシン」があるが、これらが固まるのは四〇℃前後。この温度を超すと物質が固まってしまう。

魚の身がほんのり温かいときの方が、プルプルでなめらかで美味しいのは、この凝固する温度によっているのだ。

千載一遇の「載」は、いったいどんな単位？

ずっと待ち焦《こ》がれていた機会がめぐってきたとき、「千載一遇《せんざいいちぐう》のチャンス」ということがある。

この「載《さい》」という数は、どれくらい大きな数かおわかりだろうか。

簡単にいうと、載は一〇の四四乗である。

億が一〇の八乗、兆が一〇の一二乗だから、載はとてつもない数だということがわかる。

日本初の算術書『塵劫記《じんごうき》』には命数法《めいすうほう》が載っているが、それによると数の単位は、

十、百、千、万、億、兆、京《けい》、垓《がい》、秭《し》、穣《じょう》、溝《こう》、澗《かん》、正《せい》、載、極《ごく》、恒河沙《ごうがしゃ》、阿僧祇《あそうぎ》、那由他《なゆた》、不可思議《ふかしぎ》、無量大数《むりょうたいすう》（または無量数）となっている（一般に使われている十進命数法では、「十」の前に「一」がある）。

「恒河沙」は仏教用語で、恒河はインドのガンジス河、沙は砂を指す。つまり、ガンジス河の砂の数のようにたくさんあるという意味だ。

第二次世界大戦中は敵国の文化を使わず、日本古来の文化に立ち戻ろうという気風があったため、三桁《けた》ごとで切るアラビア数字も、四桁の日本古来の形に戻そうとする動きがあった。

だが、三桁でうまくまとまっているものを四桁で切ると、不便なことこの上ない。結局は採用されずに終わったという。

ちなみに、大きな数の単位があるのと同様に、小数点以下にも単位がある。

順に下っていくと、分《ぶ》、厘《りん》、毛《もう》、糸《し》、忽《こつ》、微《び》、繊《せん》、沙《しゃ》、塵《じん》、埃《あい》、渺《びょう》、漠《ばく》、模糊《もこ》となる。あやふやなことを意味する「曖昧《あいまい》模糊」の「模糊」は、ぼんやり見えるさまという意味合いだが、とても少ないことをあらわす数字の単位として使われていたことに納得がいく。

小数点以下の単位は模糊よりもまだまだ続き、最後には「涅槃寂静《ねはんじゃくじょう》」(一〇のマイナス二四乗)となる。

大きな数と小さな数、どちらも行き着く所に仏教用語が使われているのも興味深いところである。

意外? 成人式の発祥地はなぜ埼玉県蕨市なのか?

日本初の「成人式」を開催したのは、埼玉県蕨《わらび》町(現在の蕨市)だ。

当時の蕨町の青年団長・高橋庄次郎氏が、「何としても次代を担う青年たちに明るい希望を持たせ、励ましてやりたい」ということで主唱者となり、戦後まもない昭和二一(一九四六)年一一月二二~二四日、「第一回青年祭」が開かれることになった。

これが成人式の発祥となる式典である。

会場となった蕨第一国民学校内のテントで行なわれた青年祭では、復員してきた先輩たちを温かく迎えながら、自分たちの祖国を、この町を平和で住みよい文化の高い町にしようと話し合った（蕨市ホームページより）。

その後、この慣習は全国に波及し、昭和二三（一九四八）年には「国民の祝日に関する法律」が設けられ、小正月の一月一五日を「成人の日」として祝日にしたのだった（平成一二年より、ハッピーマンデー制度により一月第二月曜日に変更）。

蕨市では、市制施行二〇周年および成人の日制定三〇周年を記念して、昭和五四（一九七九）年一月一五日、城址《じょうし》公園に「成年式発祥の地像」が建立されている。

なお、蕨市では「成人式」とは称さず、いまでも、第一回の名称を取り入れた「成年式」と呼んでいる。

浮世絵師「広重」の雅号は「安藤」それとも「歌川」？

天保《てんぽう》四（一八三三）年頃から刊行された『東海道五十三次』や、続く『木曾《きそ》海道《かいどう》六十九次』『名所江戸百景』などで有名な広重《ひろしげ》の雅号《がごう》は、安藤《あんどう》と歌川《うたがわ》のどちらだかおわかりだろうか。

答えは、歌川である。

広重は幕府の定火消同心《じょうびけしどうしん》の安藤徳右衛門《とくえもん》の子として生まれ、名を徳太郎《とくたろう》という。一三歳で父母を失った広重は、一五歳のときに歌川豊広《とよひろ》に師事し、その翌年、豊広から「広重」の号を与えられた。

やがて広重は、歌川派の始祖である豊春《とよはる》からも正式に認められたから、「歌川広重」が正しい、ということになるのだ。

「安藤広重」といわれることがあるのは、大正時代、とある人物が、武家時代の姓である安藤と広重の名を合わせて呼んだもの。そのため、雅号《がごう》とはならないのである。

広重はその他、一遊斎《いちゆうさい》・一幽斎《いちゆうさい》・一立斎《いちりゅうさい》・立斎《りゅうさい》・歌重《うたしげ》とも号した。

広重の作品には「天童《てんどう》広重」と呼ばれる作品群もある。

天童織田《おだ》藩が度重なる出費によって財政難に陥っていたときのこと。藩は内外の裕福な商人などに献金を募ったものの、財政が再建されることはなかった。

そこで、江戸で名を馳《は》せていた広重に肉筆画を大量に描いてもらい、それを借金返済の肩代わりとして、また褒美《ほうび》として藩民に与えたのだった。

後世、これらの作品は人びとの手元を離れて国内外に散らばることになり、一連の作品群として「天童もの」あるいは「天童広重」と呼ばれるようになったのである。

当時は二〇〇～三〇〇幅《ぷく》ほど描かれたと推測されているが、いまでは国内外で八〇幅ほどが確認されているだけだ。

なお、歌川広重の作品については、画中に使われている藍色《あいいろ》の評価が高く、欧米では藍色の別称として「ヒロシゲブルー」という言葉があるほどである。

お風呂に入ると指だけシワシワになるのはどうして？

長く風呂に浸かっていると、熱いお湯や湿気のために、体全体が膨張してくる。

「体がふやける」などという表現も、よく使う。

だが、よくよく考えてみると、「体がふやける」とはいうものの、目立ってふやけているのは指先だけ。なぜ指だけが、あんなにシワシワになるのか。

実は、指だけシワシワになってふやけているのが目に見えるのは、指先にツメがあるため。

つまり、膨張した皮膚が、ツメがあることによってせき止められ、シワシワになるというわけだ。

しかも、指の皮膚の角質層は体の他の部分よりも多いため、多くの水分を含み、さらにシワシワになりやすい。

角質層の多さでいえば、手のひらだけではなく、足の裏も同様である。

日本の政府専用機、そもそも何処に置いてあるのか？

皇族や首相が海外へ出るとき、「日本国」と機体に書かれた飛行機に乗る。

これは政府専用機だが、実は北海道の航空自衛隊千歳《ちとせ》基地に所属する自衛隊機である。だから客室乗務員やパイロットも、航空自衛官だ。

これと同様に、華麗なアクロバット飛行（「展示飛行」という）で有名な「ブルーインパルス」は、宮城県松島《まつしま》基地の第四航空団に所属する「第一一飛行隊」の別称。カーレースなどの催し物に登場するときは、わざわざ宮城県から飛んでくることになるのだ。

さて、もともと日本には政府専用機はなく、民間機をチャーターしていたが、平成三（一九九一）年、アメリカの対日貿易赤字を少しでも解消させるため、二機を三六〇億円で購入。

その二機は交代で使用するのではなく、メインの機体が故障したときに備えて、もう一機も一緒に飛んでいる。

テレビや新聞では、皇族や首相が乗り降りするところばかりが映し出されるが、衆参両院議長や最高裁長官、閣僚も使用することができる。

機内には会議室があり、盗聴防止機能がついた通話装置やインターネット環境も整備されている。また、機内には席が一五〇しかない（一般の旅客機は五〇〇席前後）。

政府専用機は、外交のために行き来する際に使われるだけではなく、外国に住む邦人輸送や、国際緊急援助活動などにも役立っている。

ちなみに、アメリカの政府専用機「エアフォース・ワン」は有名だが、アメリカには要人専用の飛行機が三〇機以上もある。

ローマ字の「ローマ」はいつの時代を指すのか？

銀行のキャッシュカードやクレジットカードなどには、当人の氏名がローマ字で刻印されている。パソコンで打ち込むときも、多くはローマ字変換で使用する。

意外と身近な「ローマ字」だが、ローマ字とは簡単にいえばアルファベットと同義である。AからZまでの二六文字のことだ。

古代ローマ時代に、これらの文字を使ってラテン語を書いていたことから、後世になって日本では「ローマ字」と呼ばれるようになった。外国では、「ラテンアルファベット」（Latin alphabet）といわれている。

だが、正確にいうと、日本で「ローマ字」といえば「ローマ字つづり」のことを指す。

日本にローマ字が伝わったのは、一六世紀半ばにポルトガル人が種子島《たねがしま》に漂着したり、フランシスコ・ザビエルが来日した時期が最初だ。

そもそもは、ポルトガル人が耳にした日本語を、母国語の発音に近い言葉のつづりに変換するためのものだった。

つまり、ローマ字のはじまりは、ポルトガル人が日本語を使いこなすために使われた言葉としてだったのである。

ローマ字には「訓令式《くんれいしき》」と「ヘボン式」がある。「シ」は、訓令式ではsi、ヘボン式ではshiとなるが、普段わたしたちは時と場合によってこの二つを使い分けている。冒頭に記したが、たとえば、カード類での表記で石井さんだったら「Ishii」となるが、パソコンで打ち込むときは「Isii」と、小文字のhを省《はぶ》くことがある、ということである。

なお、平成一二（二〇〇〇）年に開かれた第二二期国語審議会により、日本人が海外で名前を紹介するときには、日本国内での順番である「姓―名」の順が望ましいという提言がなされている。

これに従えば、山田一郎さんならば従来の表記は「Ichiro Yamada」だったものが「Yamada Ichiro」となるわけだ。しかも、書くときは姓を強調するために「YAMADA Ichiro」としたり、姓と名のあいだにコンマを入れて「Yamada,Ichiro」とするのがよい、とされている。あなたはどれがもっとも使いやすいだろうか？

エスカレーターの下から出ている光の役割とは？

普段、何気なく乗っているエスカレーターだが、実は、乗り降りする人のための配慮がたくさん詰まっている。

まずは、エスカレーターの一段目と最後の段の下から出ている、エメラルドブルーの光。いまでもたまに見かけることがあるこの光は、乗降客の注意を促《うなが》すためのもの。

とくに子どもや高齢者などは、乗るときと降りるときに事故が起きやすいため、下から光をあてることによって、少しでも注意してもらおうというわけだ。

いま増えつつあるのが、乗るときに足を出しやすいように、水平となる踏段が三枚になっているもの。従来のものは一・五枚である。

そして、欄干《らんかん》の下部にブラシ状のパーツがあるが、これは裾《すそ》の長い衣類がエスカレーターの端に巻き込まれないようにするための工夫。名称を「ドレスガード」という。

その他、欄干を透明にしたものは「ヌードエスカレーター」といい、踏段の幅は同じであっても、広くゆったりとした開放感を与えることができる。確かに、古い建物でたまに見かける、一人用のものなどは窮屈な印象を持ってしまい、思わぬ事故を起こさないとも限らない。身近なエスカレーターにも、こんなにも知恵が詰まっているのだ。

ルーブル美術館の正面入口は、実は裏口？

フランス・パリにある世界最大級の美術館、「ルーブル美術館」。レオナルド・ダ・ヴィンチの『モナ・リザ』や『ミロのヴィーナス』、ラファエロの『聖母子《せいぼし》』など、錚々《そうそう》たる名品が収蔵されている。

入り口には一九八九年に完成した、建築家イオ・ミン・ペイ設計のガラス張りのピラミッド（高さ二一メートル・底辺の長さ三三メートル）があり、毎年六〇〇万人もの観光客を迎えている。

いまでこそピラミッドがある場所がルーブル美術館への入り口ではあるが、実はここはルーブル宮殿の裏口である。本来のルーブル宮殿のファサード（正面）は、現在の東側なのだ。

イングランドの侵攻に備えるため、フランス王フィリップ二世（尊厳王《そんげんおう》・在位一一八〇〜一二二三）が首都パリ防衛のために市壁を築いた。その西端に建てられた城塞《じょうさい》が、ルーブル宮殿のもととなる。

だが、ここはイングランドに一度も攻められることはなく、離宮《りきゅう》として使われていた。

この離宮が表舞台に立つのは、一五二七年にフランソワ一世がここに王宮を置くことに決めてからである。

その後、各時代によって建物はさまざまな意匠《いしょう》を施《ほどこ》されて建て増しされていき、ルイ一四世の代になり、ルーブル宮殿は全体的に整備されることとなる。

正面のファサードは、シャルル・ル・ブランやルイ・ル・ヴォーなどによってデザインされた列柱郎《れっちゅうろう》が並んだものとなり、栄華を象徴するものとなった。

いま、入り口となっている場所は、かつては所狭しと庶民が暮らす家々が広がっているばかりだった。

ルーブル宮殿が美術館として開館したのは一七九三年のこと。フランス革命真っ直中である（ただし、一般への公開は一九世紀以降）。

レオナルド・ダ・ヴィンチの庇護者《ひごしゃ》であったフランソワ一世の時代より美術品の

コレクションは盛んになされ、一八世紀半ばには、王室コレクションを宮殿内で公開するという計画があったようである。

赤ちゃんの体にはカルシウムがないって、ホント？

お年寄りがちょっと転んだだけで骨折してしまう一方で、赤ちゃんが高層マンションから落ちたのに奇跡的に助かることがあるのは、体内に含まれるカルシウムの量にその一因があるといえる。

一般的には、人の体には一〜一・五キロのカルシウムが含まれており、その大部分は骨のなかにある。

骨にあるカルシウムは年とともに変化し、生まれて間もない赤ちゃんの体内にはカルシウムはほとんどない。

だが、高齢になればなるほど骨にはカルシウムが溜まり、八〇歳になる頃には骨の約八〇パーセントがカルシウムになる。

だから、弾力に富んだ赤ちゃんが高い所から落ちたにもかかわらず、下に植木があっただけで助かった、などというケースがまれに見られるのだ。

現代の日本人は従来よりも体内のカルシウムの量が減っているといわれる。

それは、インスタント食品を食べる機会が増え、また欧米型の食事に傾いていることが挙げられる。

かつての日本人は魚を食す機会が多かったが、実は日本人のカルシウム源は主に魚であった。

人が採るべきカルシウム摂取量の目安は、○歳児が二〇〇mg、小学校低学年が六〇〇～七〇〇mg、中学・高校生が七〇〇～九〇〇mg、大人は六〇〇mgとなっている。採り過ぎも体によくないので、適度な摂取をおすすめする。

鎧をつけた兵士はどのように用便を足したのか？

武士が身につける具足《ぐそく》（鎧《よろい》などの総称）は身を守るためのものだから、頑丈《がんじょう》でちょっと複雑にできている。だから、装着するのも脱ぐのも時間がかかる。

現代人がこの具足を身につけるには三、四〇分かかるだろうが、昔は敵が襲来すると三〜五分で装着したという。

そのため、さまざまな工夫がなされ、たとえば、具足を肩の高さぐらいの太い木の棒などに吊るしておき、いざというときになると胴の下から具足に潜り込み、両腕に籠手《こて》を差して装着を完成させる、というやり方もあった。これだと、ものの三分で着ることができたようである。

このような具足だから、用便を足すときはさぞかし苦労があるのだろうと思えるが、実はそんなことにも配慮がなされているのだ。

まず、具足をはめる前に締める下帯（ふんどし）からして違う。

普通は六尺《しゃく》の締め込みのふんどしを履《は》くのだが、戦時は越中《えっちゅう》流の具足用下帯を使う。この下帯は、前みつを首の後ろまで持ってきて結んでいる。つまり、前を開けたいときは、首の後ろの結びをほどく仕組みになっているのだ。

これだけ用意しておけば、あとは楽である。

というのも、具足の下腹部の前は開閉が自由になっているため。腰を落とせば、下部は左右に開くようになっているのである。

「具足をつけた兵士が用便を足すときには、尿筒《しとつづ》や尿瓶《しびん》を使用する」という説があるが、具足の仕組みから考えると、この説は間違いのようである。

京都の住所にはなぜ「上ル」「下ル」が必要なのか？

京都人にとっては常識であっても、それ以外の人びとにとってやっかいなのが、京都の住所である。「上《あが》ル」や「下《さが》ル」、「入《い》ル」などがあって、ややこしい。

たとえば、「京都市中京《なかぎょう》区二条《にじょう》通麩屋《ふや》町西入ル○○町」という住所の場合、東西方向に走る二条通と、南北方向に走る麩屋町通の交差点から西に入ったところにある町、ということになる。

この例は「西入ル」だが、交差点から東へ行くなら「東入ル」だし、北なら「上ル」、南なら「下ル」になる。

ビルや昔からの家ならばわかりやすいが、奥まった場所にある家や普通の家などになると、○○町の後に番地の表記がつくことになる。

なぜ京都の住所はこのようなものになったのかといえば、京都の旧市街（上京《かみぎょう》区・中京区・下京《しもぎょう》区）には一つの区内に同じ町名がいくつもあるためだ。

たとえば、中京区には中之町《なかの》が四つ、大黒町《だいこく》は三つ、梅屋町《うめや》も三つという具合。京都の旧市街に特徴的なのは、通りを挟んだ両側が同じ町名を持つことで、これは平安京《へいあんきょう》ができて以来のものだ。

つまり、道を挟んだ周囲が同じ町としての意識を持って町を構成していったということである。京都の代表的な祭りである「祇園祭《ぎおんまつり》」の山鉾《やまぼこ》も、この町単位で出されている。

このように区割りする方法を「背割《せわ》り方式」と呼ぶ。家の背後で町の区割りをするという意味だ。

現在は通りを境にして住所を定めているが、戦前には背割り方式も少なからず見られたのである。

戦場で主に死んでいたのは、兵士ではなく農民？

戦国時代より戦闘は大規模になり、多くの「兵士」が戦場に駆り出されていった。織田信長《おだのぶなが》が今川義元《いまがわよしもと》を破った桶狭間《おけはざま》の戦い（一五六〇年）では、駿河《するが》・遠江《とおとうみ》・

三河《みかわ》の三国から二万五〇〇〇の兵を集め、また、豊臣秀吉《とよとみひでよし》が後北条氏《ごほうじょう》を滅ぼし全国統一を成した小田原《おだわら》攻め（一五九〇年）では、秀吉軍の兵は二二万を数えたという。

だが、この兵士の数の大部分は、実はにわか仕立てで参戦させられた農民だ。

昔の戦《いくさ》では数で圧倒するのも一つの戦法。そのため、軍事訓練を受けていない農民を兵士として召集し、とにかく戦陣を整えたというのが内実だったようである。

たとえば、後北条氏の場合、一五歳から六〇歳までの男子を根こそぎ集め、出陣させた。

徳川家康も、小牧《こまき》・長久手《ながくて》の戦い（一五八四年）のときに同じく一五歳から六〇歳までの郷民《きょうみん》を集め、武器として弓や槍、鉄砲を用意させて出兵させた。

だから、戦場で農民が死ぬ確率も高かった。およそ軍の九割が農民だったという説もある。一〇〇〇人中九〇〇人が農民ということになる。

しかも、戦の後に出た大量の死体を処理したのもまた、農民たちであった。

戦に勝った方の亡骸《なきがら》は勝利した方の軍が片付けたのだが、味方の者か敵の者か判別できない亡骸に関しては、戦場となった土地周辺に住んでいる農民が片付けたのだ。

加えて、埋葬するときには僧侶が手伝うこともあったという。

戦場に駆り出されるのも農民、それを片付けるのも農民……。身分の違いがあるとはいえ、農民にとってみればずいぶん過酷な時代だったようである。

「段ボール」という名前は、かつて商品名だった？

段ボールが生まれたのはイギリスで、一八五六年にエドワード・チャールズ・ヒーレイとエドワード・エリス・アレンが特許を取ったのがはじまりとされる。

当時はいまのような輸送用などの使われ方ではなく、帽子の内側に、段をつけた紙を巻くことによって汗を取る役目をしていたのだった。

その後、アメリカで製造されるようになり、ガラス瓶の包装用として使われだしてから普及するようになり、日本へも輸入されるようになる。

はじめて日本に入ってきたとき、段ボールは「しわしわ紙」や「なまこ紙」などと呼ばれていた。国内でも徐々につくられはじめてはいたが、粗悪品だった。

この現状に立ち上がったのが井上貞治郎だ。彼はもともと紙箱道具などを扱う会社にいたのだが、一念発起し、明治四二（一九〇九）年に独立して和製段ボールづくりに精を出した。

はじめは紙屋から仕入れたボール紙に、機械を使って手動でギザギザの段をつけていたため、均一に段にならなかったこともあったが、改良を重ね、何とか均一に段をつけることに成功する。

起業してから一年。ここにきちんと段がついたボール紙が生まれ、井上はこれに「段ボール」という名称をつけた。明治四三（一九一〇）年には段ボール製造機と製法に特許を取り、商品名を「特許段ボール」とした。

その後、大正三（一九一四）年、第一次世界大戦の勃発後、ロシア向けの電球の輸出にともない、国産段ボールが生まれてからはじめて増産されるようになる。

以降、第二次世界大戦後には、いままで木箱が使われていたものが段ボールにとってかわられることになり、需要はますます増えていった。

全国段ボール工業組合連合会によると、通販や宅配の分野などにおける段ボールの需要は好調といい、これからもまだまだ活躍の場は広がっているといえる。

「一石二鳥」のルーツは英語のことわざ？

日本に伝わってくることわざは中国が発祥か、あるいは日本独自のものと思っている方も多いだろうが、実は英語がもとになっていることわざもある。

それは、「一石二鳥《いっせきにちょう》」。「石を一つ投げて二羽の鳥を得ること」をいい、「一挙両得《いっきょりょうとく》」も同様の意味のことわざだ。

この一石二鳥、文久《ぶんきゅう》二（一八六二）年に刊行された『英和対訳袖珍《しゅうちん》辞書』（俗に『薩摩《さつま》辞書』とも）に「To kill two birds with one stone.」（石一ツニテ鳥二羽ヲ殺ス）とあるのを、幕末の漢学者が「一石二鳥」と略したのである。

この「Two kill～」のことわざはイギリスのもので、意味ももちろん同じだ。

ちなみに、「転石苔《てんせきこけ》を生ぜず」も「A rolling stone gathers no moss.」という英語のことわざの訳。「いつも転がっている石には苔がつかない」という意味だが、いつも生き生きしているといつまでも古くならない、という意味合いで使われる（諸説あり）。

一九六三年に結成されたイギリスのバンド、ザ・ローリング・ストーンズ（The Rolling Stones）のバンド名はこのことわざから命名されたわけではないが、いまもロックの最前線に君臨《くんりん》することを考えると、「名は体を表す」好例といえるだろう。

「チャラになる」を意味する「いってこい」は、歌舞伎用語？

「今日は儲けたけど、いままで損してたから、これで『いってこい』だな」などというときの「いってこい」とは「チャラになる」という意味だが、これはもともと歌舞伎《かぶき》用語である。

江戸時代から使われている言葉で、「一つの舞台が次の舞台に変わり、また回転してもとの舞台に戻ること」を指して使われたのだ。

この他、日常用語に取り入れられている歌舞伎用語は少なくない。

まずは、「二枚目」。格好いい男性のことだが、江戸時代においては、役者の番付の看板が劇場に出るとき、いちばん右に「書き出し」（もっとも人気がある役者）、二番目に花形《はながた》役者の名前を書いたことがもとになっている。

ちなみに、「三枚目」には道化者《どうけもの》の名前が書かれていたことから転じて、現代ではお調子者などを指して三枚目と呼んでいる。

「お前は誰の『差し金』でやってきた!?」などとドラマで使われる「差し金」も、歌舞伎用語。黒子《くろこ》が、棒の先にねずみや蝶をつけて動かす黒塗りの棒のことだ。それが転じて、陰から人をそそのかして操る人、または操られる人を指すようになった。

最後に、「大喜利《おおぎり》」。長寿番組『笑点』の最後のコーナーだが、歌舞伎用語ではもともと「大切」といったが、縁起《えんぎ》かつぎで「大喜利」とされた。意味は、その日の興行や、長い演目の最後の一幕のことである。

ジャガイモはナス科の野菜だったって、知ってる?

南アメリカ原産のジャガイモ。実はこれ、ナス科に属する植物である。

一五三〇年代、西インド諸島でスペイン人がサツマイモを「発見」したときに、先住民の呼び名である「バタタ」(batata)をスペイン語として取り入れた。

だが、ジャガイモが「発見」されると、英語圏ではなぜかジャガイモが「ポテト」

（potato）と呼ばれ、サツマイモは「スイートポテト」（sweet potato）と呼び慣わされるようになってしまった。「バタタ」が訛《なま》って「ポテト」になったらしい。

ジャガイモの「ジャガ」は、インドネシアのジャカルタの古名「ジャガタラ」からきており、オランダ商船がインドネシアから運んできたことに由来する。

さて、ナス科は大きな群で、果実が食用になる種が多く、その他、ジャガイモのように塊茎《かいけい》（植物の地下茎が枝分かれして、その先が肥大化し、塊状になったもの）を食用とする種などが含まれている。

ナス科にはジャガイモの他、ピーマンやトマト、唐辛子《とうがらし》などがある。もちろん、ナスもだ。

さらに、ナス科にはタバコ属やチョウセンアサガオ属などもある。タバコも、ナス科ということになる。

「？」は人が首を傾げている姿、では「！」は？

世界の文字のなかで、共通の意味を持ち、多く使われているものに「？」と「！」

がある。

たとえばスペイン語では書き文字の場合、疑問文の最初に「¿」を置き、文末に「?」をつけると、その文章が疑問文であることの印になる。

疑問文に「?」をつけるのはヒンドゥー語の文章でも同じだ。

この「?」は一般的には「クエスチョン・マーク」「はてなマーク」などというが、英語では「インタロゲーション・マーク」とも称する。インタロゲーション(interrogation)とは、「質問すること」「疑問符」の意味だ。

この「?」というマークの起源は、人が首を傾げて尋ねている様子をあらわしたものである。

一方、「?」と対の「!」は、「びっくりマーク」などといわれるが、英語では「エクスクラメーション・マーク」(exclamation mark)や「エクスクラメーション・ポイント」(exclamation point)などと呼ばれる。

こちらの起源は、人がモノにつまずいてびっくりし、跳《は》ね上がった姿をあらわしたものという。

この疑問符と感嘆符に関しては、面白いエピソードが伝わっている。

フランスの詩人・小説家のユゴー（一八〇二〜八五）が、彼の著《あらわ》した『レ・ミゼラブル』を出版する際、その売れ行きを心配して、版元に「？」とだけ記した手紙を出した。

「？」という文字に、「売れ行きはどうか？」という意味を持たせたのだ。

すると版元は、すぐさまユゴーに手紙を返信する。

そこには一言、「！」の文字だけが書かれてあった。「！」は、「大いに売れている」という意味の代わりだったのである。

ポン引きの「ポン」は、「ぼんやりしている人」？

東京は新宿の歌舞伎町や北海道札幌のすすきの、京都の祇園、大阪のキタ・ミナミなど、日本には各所に歓楽街がある。

歓楽街といえば「夜の街」で、高級クラブや風俗などが所狭しと立ち並び、その店のいわゆる「ポン引き」が目を光らせ、お客になりそうな人を狙っている。

ポン引きを辞書で引いてみると、「ぽん引き」とあり、意味はこうなっている。

①土地に不案内な人をだまし、金品を巻き上げること。また、その者。
②路上で売春宿の客引きをする者。
③株式街で、素人をだまし、いいかげんな株を売りつける者。（『大辞泉《だいじせん》』）

語源は、ぼんやりした人を引っ張って誘惑する「凡引《ぼんびき》」が訛ったものという説と、盆を用いてやる賭博《とばく》の「盆引」が転じたものという説がある。

江戸時代の歌舞伎に「ぽん引き」という言葉が見られることから、文献を背景にして考えるとかなり古い言葉であることがわかる。

江戸の吉原遊廓《よしわらゆうかく》でも「ポン引き」はいたが、吉原では「ポン引き」とは呼ばず、「妓夫《ぎゅう》」と称していた。

その「ぎゅう」がいつの間にか「牛《ぎゅう》」となって、「牛太郎《ぎゅうたろう》」（あるいは「うしたろう」）と呼ばれるようになったという。

ポン引きも牛太郎も、ネーミングしたのは洒落《しゃれ》のわかる人びとだったようである。

ワイシャツの「ワイ」は「Y」ではなく「ホワイト」?

背広の下に着るシャツを「ワイシャツ」というが、この言葉は外来語で、英語の「ホワイト・シャツ」が訛ったものとされる。

明治六(一八七三)年、開港間もない横浜で、外国船に乗っていた西洋人が一八歳の日本人青年にとある衣服を手渡した。

その服は白い生地でできており、胸には留め具(ボタン)がついていた。

日本人青年の名は石川清右衛門(一八五五〜一九三六)といい、のちに日本ではじめてワイシャツ屋を関内に開くことになる人物だ。

英語で書けば「ホワイト・シャツ」はwhite shirtとなるが、英語にまだ馴染《なじ》んでいない耳にはwhiteは「ワイ」と聞こえる。

石川がはじめてそのように聞き取ったかどうかは定かではないが、正確にホワイト・シャツとならなかったのだから、きちんと聞き取った人はいなかったのだろう。

石川の開いたワイシャツ屋は「大和屋《やまとや》シャツ店」という屋号を持ち、その後海外へも進出。小泉八雲《こいずみやくも》（ラフカディオ・ハーン）や、第三二代アメリカ大統領のフランクリン・ルーズベルトも御用達《ごようたし》の店となる。

また、大正天皇のワイシャツもつくることになり、銀座の支店長が採寸にうかがったときのこと、恐れ多い天皇に直接触れることはできず、三メートルほど離れたところから見当をつけて測っていたという（大和屋シャツ店ホームページより）。

なお、現在市販されているワイシャツには「カラーワイシャツ」という名称のものがあるが、ワイシャツは「ホワイト・シャツ」の転訛《てんか》なのだから、正確には間違った言葉といえる。

タコはなぜタコという名前になったのか？

タコは英語で「オクトパス」（octopus）というが、オクトは「八」、パスは「足」の意味だから、日本と言葉の成り立ちは似ている。

というのも、江戸末期に記された『私語私臆鈔《しごしおくしょう》』ではタコの語源として、「多股《たこ》からきている」としているのだ。

また、タコのタは足袋《たび》などのタで、コは骨がなくて柔らかいナマコのことを指すという説明もできる。漢字でタコは「蛸」と書くが、これは「足の長いクモ」の意味だ。

普通、タコの足は八本だが、平成一〇（一九九八）年一二月に志摩《しま》マリンランド（三重県志摩市）に入館したタコ（マダコ）は九六本の足を持っていた。

このタコは、八本の足がそれぞれさらに何本かに枝分かれしており、吸盤のある足が九三本、皮下に包まれた足（袋枝）が三本あったのだ。いまでは同館に標本として展示されている。

ちなみに、このタコは飼育中に産卵し、子どもが誕生。ただし、生まれた子どもの足は、八本だった。

完全失業率の「完全」とは、そもそもどんな状態？

長い不況のせいで、会社や工場をはじめ、一気に何千人もの労働者がリストラされることも、珍しいことではなくなってきた。

このような状況を経験するなどして放り出された若者や中高年を含めて、未就労者がどれだけいるのかを計る数字の一つが、「完全失業率」だ。

完全失業率とは、労働力人口（就業者＋完全失業者）に占める完全失業者の割合のこと。

完全失業率は、総務省統計局が毎月最終週に訪問調査して算出された数字で、全国から無作為に抽出された四万世帯のうちの、一五歳以上の約一〇万人が調査の対象となっている。

では、「完全失業者」とは誰を指すかというと、①仕事に就《つ》いておらず、②仕事があればすぐ就くことができ、③仕事を探す活動をしていた者のこと。

以前は単に「失業者」という名称だったが、昭和二五（一九五〇）年に③の定義が加えられたため、それ以前と区別するために「完全失業者」と呼ばれることとなったのだ。

なお、令和三（二〇二一）年一一月の完全失業率は二・八パーセントとなっている。数字だけ見ると、日本は長い不況から脱しているように感じるかもしれないが、消費マインドが高まっているようにも思えない。日本が不景気から脱出するのは、いつになるのだろうか。

海賊の捜査権は、いったいどの国にある？

海賊とは、「私有の船舶や航空機の乗組員または旅客が、私有目的のために行なうすべての不法な暴力行為、抑留、略奪行為」（国連海洋法条約）と定義されている。

海は「領海」と「公海」に分かれている。領海は国の主権がおよぶ範囲の海で、公海はそれ以外の海を指す。

公海においては、違法行為をした船への捜査権や裁判権は、ふつうはその船の所属国にある。

だが、海賊に限っては別。海賊は、すべての国の海上警察や軍艦に、拿捕《だほ》する権利などの捜査権と裁判権を与えているのだ。

ただし、拿捕した船が海賊でなかった場合に、捜査した国が逆に損害を被《こうむ》るため、安易な捜査は行なわれていないのが実情である。

日本の海上保安庁が海賊を取り締まったことはないが、インドネシアをはじめ、海賊行為が多く行なわれている場所を抱えている国々に技術支援などをすることによって、安全な航海を陰で支えているのだ。

なお、全世界における二〇二〇年の海賊事件報告件数は一九五件で、前年（一六二件）から約二〇％増加している（日本船主協会による）。

乗客や乗員の被害者人数もそれほど変化はしていないが、被害内容で殺人・人質の件数が増加傾向にあるから、凶悪化しているといえる。

発生地域を見ると、現在、もっとも多く海賊行為が行なわれているのは東南アジアと西アフリカで、ナイジェリア、シンガポールで多く発生している。

7章

世界が広がる！

知られざる雑学

発見して舞い上がるほどうれしいから「舞茸」？

現在の日本では三〇〇〇～四〇〇〇種ものキノコの種類があるといわれるが、そのなかで食用となるのは一割程度しかない。

「舞茸《まいたけ》」は主に東北地方の深い山中に生えるキノコで、サルノコシカケ科に属する。カサが幾重《いくえ》にもなっているのが特徴で、総量が一〇キロに達する舞茸も珍しくはなく、二〇～三〇キロにまで育つこともある。

舞茸という名前の由来には諸説ある。

一つ目は、「幻のキノコ」といわれるほど見つけるのが難しいことから、発見した人が「舞い上がる」ほど嬉しいので「舞茸」となった、という説。見つけた人は、その希少さから、家族にも教えなかったらしい。

二つ目は、その形が舞っているように見えることから命名されたとする説だ。

いまは「雪国まいたけ」など、名の知れたブランドがあるほど、舞茸は手軽に食することができるが、舞茸が市場に出回るようになったのはここ三〇年ほどのこと。

舞茸は、実は栽培するのが難しく、形づくりになかなか成功しなかったのである。現代においても舞茸は希少価値があるという証拠ともいえよう。それは昔ならなおさらのこと。

江戸時代、東北地方の大名が将軍に舞茸を献上《けんじょう》したところ好評を得て、再度所《しょ》望《もう》されたがなかなか見つからず、村人総出で探してやっと見つかった。大名から委任された代官へその舞茸を届けると、同じ量の銀がもらえたという。

5・1chサラウンドの「・1」って何のこと？

近頃は手軽にホームシアター用のプロジェクターが買えるとあって、システムスピーカーも各種取り揃えられている。

そこで、よく耳にするのが、「5・1ch（チャンネル）サラウンド」という言葉だ。スピーカーがたくさんあるのは想像できるが、「0・1ch」で表わされている分のスピーカーはどのようなものなのだろうか。

結論を書く前に、まずは音響の基本を押さえよう。

まず「モノラル」はスピーカーが一つ、「ステレオ」はスピーカーが二つで、音声を再生する。

これに対し、「5・1chサラウンド」は、実はスピーカーが六つある。聴取者を真ん中にした場合、正面・右前方・左前方・右後方・左後方に五つ配置され、あと一つ、低音出力用の「サブウーファースピーカー」が備わっている。

このサブウーファースピーカーこそ、「0・1」としてカウントされているものである。これは出力できる音域が限られているため、一つのスピーカー分として換算されていないのだ。

5・1chサラウンドシステムはドルビーデジタルと組み合わされ、「ドルビーデジタル5・1ch」などとも呼ばれる。このシステムは映画館やDVDなどで採用されており、臨場感あふれる音響をつくり出しているのだ。

手品にハトを使う思いがけない理由とは？

何も入っていないシルクハットに白い布を掛けると、なかから白いハトが出てくるという手品を、一度はご覧になったことがあるだろう。

手品で用いられるハトは公園などにいるドバト（カワラバト）とは異なり、主に「ギンバト」というジュズカケバトの白変種を指す。

このギンバトはハトのなかでも大人しく、仰向けにするとさらに静かになる。また、ハトは暗闇に置くと動かなくなるという性質も手伝って、手品に最適な動物として使われるようになったのだ。

ちなみに、ハトに馴《な》れていないと上手に手品ができないから、ギンバトはマジシャンが自分で飼って育てていることが多い。

「ツバメの巣」のスープの材料はツバメの巣ではない？

中華料理の高級食材である「ツバメの巣」。この「ツバメ」は何ツバメなのだろうか。

これはジャワアナツバメといいアナツバメ科の鳥なのだが、実はツバメではなく、別の種類の鳥なのだ。

だが、巣が食用になることから、「Edible-nest Swiftlet」(「巣が食べられるアナツバメ」の意)という英名を持っている(山階《やましな》鳥類研究所『鳥の雑学事典』日本実業出版社)。

食材としてのツバメの巣には、ジャワアナツバメの他、近縁であるオオアナツバメの巣も用いられる。

ツバメの巣は、これらの鳥の唾液腺から出た分泌類でできており、タンパク質やシアル酸などが多く含まれ、健康や美容に効果があるとされる。

六〜七世紀には、ボルネオ島のサラワクから中国に輸出されていたと伝わり、特に一七世紀の清朝《しんちょう》時代の中国では皇帝がよく食していた。

しかし、現在では中華料理で高級食材とされるに従い、取引量が増えたため、アナツバメが減少傾向になるなど、それらの鳥の保護も叫ばれている。

また、インドネシアでは、ツバメの巣を採取するためだけの建物があり、アパート形式のその建物を借りた人が商売のために巣を管理するというビジネスがある。実入りも大きい分、アナツバメが建物にやってこない場合もあり、必ずしも美味しい商売とはならないらしい。

なお、日本では家にツバメが巣をつくると縁起《えんぎ》がよいとされるが、岩手県大船渡《おおふなと》市のとある家の玄関の軒先に、ツバメの巣が七つも並んだことがある（『東海新報』二〇〇六年六月一六日付）。

ツバメが巣を増やしているあいだ、家の住人に孫が生まれるなど、幸せをもたらしてくれたということだ。

カブトムシに最適なエサはスイカではなくバナナ？

カブトムシやクワガタを飼育ケースで飼っているイメージには、必ずといっていいほど、キュウリとスイカが出てくる。

だが、キュウリとスイカは、実はカブトムシたちにとって最適なエサではない。なぜなら、それは水分が多いから。

必要以上の水分によって、カブトムシやクワガタもお腹を壊してしまい、寿命が短くなる要因の一つとなってしまうのだ。

カブトムシのエサとして最適なのは、果物ではバナナがよい。スポーツ選手が試合前のエネルギー摂取としてバナナを食べることがあるが、それと同じだ。
また、いまは昆虫専用のゼリーが売られているが、それにも「バナナ味」が採用されているほど。バナナ味は、カブトムシたちの食いつきもよいそうである。

金魚ではなく「鉄魚」という名の魚の正体とは?

明治の末頃、宮城県田代岳《たしろだけ》にある魚取沼《ゆとりぬま》で発見されたのが、鉄魚《てつぎょ》だ。ブナの原生林に囲まれた小さな沼で見つかったこの魚は、その珍しさも手伝って、大正一二(一九二三)年には天皇に献上されている。

金魚という言葉は聞いたことがあるだろうが、「鉄魚」は聞いたことがないかもしれない。

鉄魚はいわば、フナと金魚のあいだの魚だ。背びれや胸びれ、腹びれがとても長く、一般的にはさび色をしているのが特徴。朴沢三二『海鼠《なまこ》の骨』(朴沢先生随筆講演集刊行会)には、「鉄魚」という名前の由来について、「何故にこの魚を鉄魚と呼ぶかといふ其の起源や由来については詳らかでないが、按ずるにその色の鉄に似たためか、或はその様金魚に似たるも及ばず、すなわち金に及ばざる鉄の如しの意よりでもあらう」と記されている。

この書が出たのは戦後間もない昭和二四（一九四九）年のことだが、これほどまでに学会が盛り上がったのは、「鉄魚こそ金魚の直接のルーツではないか」という考えがあったからである。

金魚は、フナの突然変異であるヒブナを観賞用として飼育したもの。交配を重ねていくことによって、現在のように多種多様の金魚が生まれていった。

だから、そのルーツを発見することは、大変興味深いことでもあったのだろう。

しかし、いまでは鉄魚のルーツには二つの系統があるとされる。

一つ目は、先述した宮城県魚取沼に生息する鉄魚で、キンブナを祖先とする系統。ここの鉄魚は天然記念物にもなっている貴重なものだが、生物学的にはキンブナがルーツなので、金魚とは系統が異なる。

二つ目は、金魚と野生のフナの雑種という系統。金魚研究の第一人者だった松井佳一博士がワキンとフナを掛け合わせた実験を行ない、鉄魚に似た魚をつくったこともある。

これらより、鉄魚が金魚の直接のルーツである、ということはいえないが、その発祥は金魚とともに偶然の産物であることは間違いない。

イタリアにはパスタの成分に関する厳格な法律がある？

日本ではじめてパスタがつくられたのは、明治一六（一八八三）年頃のこと。長崎県長崎市に、フランス人宣教師マリク・マリ・ド・ロ神父がレンガづくりのマカロニ工場を建設、製造したのがはじまりとされる。

昭和三〇年代になって、イタリアより全自動式パスタ製造機が輸入されるようになり、日本でパスタは広まっていく。いまでは、外食だけでなく家庭でもよく食べられる料理となった。

日本ではその歴史は浅いが、本場イタリアはやはり伝統の重みが違う。イタリアには、乾燥パスタに関しての厳格な法律があるのだ。

一九六七年に施行された「パスタ法律」がそれで、乾燥パスタはデュラム小麦のセモリナ粉と水でつくらなければならない、としている。

パスタの材料として少しでも薄力粉を加えたものは、「パスタ」とは呼べないのである。

さらに、エッグパスタにも同様の厳しい規定があり、デュラム小麦のセモリナ粉一キロに対し、卵は二〇〇グラム（四個分）以上使用しなければならない、とされているのだ。

このような法律はイタリアだけではなく、フランスやドイツにもある。

日本にはこの規定はないが、つくられるパスタはもちろんデュラム・セモリナ一〇〇パーセントである。

日本史上で実に六回もあった義経生存説の真偽とは？

文治《ぶんじ》五（一一八九）年閏《うるう》四月三〇日、藤原泰衡《ふじわらのやすひら》率いる軍勢数百が奥州平泉《おうしゅうひらいずみ》の衣川館《ころもがわのたち》にいる源義経《みなもとのよしつね》を襲った。

これで義経は最期だと悟《さと》り、持仏堂《じぶつどう》で妻と娘を殺《あや》め、自害して果てた。と、義経の生涯はこのようにして幕を閉じた、とされている。

だが、「義経＝チンギス・ハン説」がその後、日本を駆けめぐった。その数、実に五回におよぶ。

森村宗冬『義経伝説と日本人』（平凡社）によると、その五回とは以下のようになる。

①江戸時代中期＝正徳《しょうとく》二年（一七一二）

義経は衣川で死なず蝦夷地《えぞち》（北海道）に脱出。義経はアイヌに神として崇《あが》められつつ、現在も蝦夷のどこかで生存しており、子孫はアイヌの棟梁《とうりょう》となった。

②江戸時代中期＝享保《きょうほう》二年（一七一七）

義経は蝦夷に脱出した後、当時、韃靼《だったん》（中国大陸北方）を支配していた金国《きんこく》に入り、皇帝の章宗《しょうそう》から厚遇され、子孫も栄えた。

③江戸時代後期＝天明《てんめい》三年（一七八三）

義経は蝦夷から韃靼に渡った。子孫は繁栄し、やがて「清《しん》」を建国した。

④明治時代初期＝明治一八年（一八八五）

義経は蝦夷から韃靼を経てモンゴルに入り、チンギス・ハンとなった。

⑤大正時代末期＝大正一三年（一九二四）
小谷部全一郎『成吉思汗《ジンギスカン》ハ源義経也』によって、義経＝チンギス・ハンが空前のブームになる。

そして、森村氏は昭和三三（一九五八）年以降も、話題を呼んだ高木彬光『成吉思汗の秘密』や郷土史家・佐々木勝三『義経は生きていた』『源義経蝦夷亡命追跡の記』『成吉思汗は源義経』などを取り上げ、第六のブームとしている。

いまでもたまに、「義経＝チンギス・ハン説」の謎を解明するテレビ番組が放送されることがあるが、二人の生きていた時代が重なること（源義経は一一五九～八九、チンギス・ハンは一一五五頃～一二二七）や、戦術が似ていること、また、義経が死んだあとに逃亡したという伝説が東北や北海道に残されていることなどを取り上げ、義経生存説の根拠としている。

「義経＝チンギス・ハン説」についてはまだ結論は出ていないが、この先も第七、第八のブームは必ず訪れるのだろう。

シンガポールでは、マリファナ五〇〇グラム所持で死刑？

芸能人や大学生が、所持や栽培で逮捕されることが多くなったドラッグ、「大麻」（マリファナ）。

麻の葉や茎を加工し、火をつけて煙を吸引する。

日本では営利目的で所持していると七年以下の懲役だが、厳罰で知られるシンガポールでは、五〇〇グラム所持していると、死刑になってしまうのだ。

一九六五年にマレーシア連邦からシンガポールを独立に導き、その後も指導してきたのはリー・クアンユー（一九二三〜二〇一五）。

一九五九年、シンガポール自治国首相に就任してから、九〇年に首相を辞任するまで、強力な政治力を発揮し、同国の発展に寄与した。

リーがこれほど長期政権を保てた理由には、野党を締め出す選挙制度を設けることによって、一党独裁を敷いてきたことが挙げられる。

ただし、厳格な汚職防止法も同時に定めているので、長期政権でありながら自浄作用がはたらいていた。そして、国民を統治する道具として用いられたのが、シンガポール独特の厳格な法律だったわけだ。

リーはケンブリッジ大学の法学部を首席で卒業したというから、法をどのように用いればよいか、精通していたのだろう。

だから、シンガポールの旅行者は、この国独自の法律を知っていて損はない。

たとえば、護身用スプレーは「武器」と解釈されるので所持は禁止、弁当の空き箱を道路に捨てると高額な罰金刑、道路に唾を吐くのも禁止、チューインガムは国内への持ち込み禁止（医薬品を除く）、落書きは鞭打《むちうち》刑、蠅《はえ》・蚊《か》を発生させる状況をつくることは法律で規制されているなど、多くの法律がある。

日本の常識は、シンガポールで通用しないことも少なくないのだ。

「夜の蝶」の語源は女性のエプロン、その理由とは？

昔、バーやキャバレーで客をもてなす女性を「夜の蝶《ちょう》」といった。いまでいえば、ホステスやキャバ嬢だ。

この「夜の蝶」という言葉の由来は、明治末までさかのぼる。

明治末から大正にかけて、食事とともにお酒を飲むことができる「カフェ」が次々と生まれる。

このカフェには女給《じょきゅう》が働いているのだが、ウェイトレスの役目だけではなく、いわゆるピンクサービスも行なっていた。

彼女たちはみな白いエプロンを掛け、後ろを蝶結びにしていた。ここから、ホステスたちを「夜の蝶」と呼ぶようになったという。だが、これには別の説もある。

それは、昭和三二（一九五七）年に制作された日本映画のタイトルからきたというもの。その名も、『夜の蝶』だ。

主演は京マチ子と山本富士子、監督は名匠・吉村公三郎である。実在のマダムがモデルで、白洲次郎や小津安二郎など錚々《そうそう》たる著名人が出入りしていたバー「おそめ」に材を取っている。

京都から有名なバーが銀座に出店することから話がはじまり、銀座のトップを張っているバーのマダムとの、女の熾烈《しれつ》な争いを描いた物語だ。

この主軸に、銀座で一旗挙げようとうごめく周囲の人が絡《から》み合《あ》い、ストーリーが展開していく。

この映画が直接の引き金になったかどうかは定かではないが、「夜の蝶」というフレーズが広まり、定着したきっかけにはなったといえよう。

かつて「大工」の他に「少工」がいた？

いま「大工《だいく》」といえば、木造建築の建設を担う職人を指すが、このような意味で大工という言葉が使われ出したのは、江戸時代後期になってから。

古くは、「工《たくみ》」という言葉だけで「技術者」という意味を持っていた。奈良時代になって律令制《りつりょうせい》が敷かれると、建設工事に携わる技術官僚の肩書きとして「大工《おおきたくみ》」という言葉が用いられた。

だから、この大工という言葉に対して、「少工《すくなたくみ》」という位もあった。大工の下に位置し、統率される立場だったようだ。なお、大工・少工の下には、「長上工《ちょうじょうこう》」と「番上工《ばんじょうこう》」という職制もあり、合計四つの位が設けられていた。

中世においてもこの職制は変わらなかった。

一般的な建築職人は「番匠《ばんしょう》」と呼ばれ、左官《さかん》職人は「壁塗工」、瓦葺《かわらぶ》き職人は「瓦師」、檜皮《ひわだ》葺き職人は「檜皮工」、畳職人は「畳差《さし》」（畳刺とも）などと呼ばれており、これらの各業種を統率するのが大工の役割だった。

つまり、当時は、「番匠大工」「壁大工」「瓦大工」「檜皮大工」「畳大工」がいたのである。

その後、近世になってから、統率する立場の職人を「棟梁《とうりょう》」と呼び習わし、現場で働く職人を「大工」というようになったのだ。

インドの観光名所、タージ・マハルは、実はもう一つあった？

インド北部のアーグラー市、ジャムナー河畔に建つタージ・マハルは、ムガル帝国の第五代皇帝シャー・ジャハーン（在位一六二八～五八）が愛妃《あいひ》ムムターズ・マハルのために築いた廟《びょう》である。

その左右対称のシンメトリックな美しさは、後世の世界七不思議の一つにも数えられるほど均整が取れており、ムガル帝国時代の栄華を物語る建築物である。

実は、シャー・ジャハーンはこのタージ・マハルの他に、黒大理石を用いてもう一つの廟を建てようとしていた。その廟は自分の死後のためのものであり、愛妃の廟と自分の廟を銀の橋で繋《つな》ぐ計画もあったのだ。

だが、その夢は叶《かな》わなかった。

その理由を述べる前に、時間を少し巻き戻してみる。

一六三〇年、愛妃が逝《い》った。皇帝シャー・ジャハーンは、聡明《そうめい》で美しい彼女を心から愛していたから、その喪失感は尋常ではなかった。

そのため皇帝は帝位を捨てる考えもあったというが、踏みとどまり、愛妃のためにこの世にないほどの廟を建てることを計画する。

タージ・マハルの建設にはインド国内はもとより、イラン（ペルシャ）や遠くトルコからも建築家や美術家が招聘《しょうへい》された。

完成までには二万人、一八年の歳月を擁した。

そしてできたのが、高さ六〇メートル、八角形の白大理石がまぶしいタージ・マハル廟である。

だが、国内は財政難や宗教政策の行き詰まりなどで、崩壊への道を歩みはじめていた。財政難の原因の一つは、間違いなくタージ・マハルの建築による莫大な出費である。

シャー・ジャハーンはそのようななか、黒大理石で第二のタージ・マハル建築を夢見る。

しかし、叶えられるはずもなく、自分の息子でもある第六代皇帝アウラングゼーブによってシャー・ジャハーンは幽閉《ゆうへい》され、死ぬまで愛妃の廟を遠目で眺めるしかなかったのである。

ちなみに、建設予定だった第二のタージ・マハルの跡地は本家の対岸にあり、現在では庭園風に整備（一部）されている。

体のなかでもっとも敏感なのは、○○の先？

体で敏感な部分といえば、どこかの「先端」であるのは想像がつくだろう。

では、それはどこか。

答えは、舌の先である。舌の先では、一ミリ間隔の二つの点をそれぞれの点として認識することができるのだ。

舌の粘膜には感覚受容器があり、痛覚や触覚、圧覚、温度感覚などを感じることができるが、痛覚受容器は舌の先（舌尖部《ぜっせん》）にもっとも多く集まるため、敏感になるのだ。

ちなみに、指の先では二ミリ間隔でないとそれぞれの点として認識できないらしい。背中になると、五センチ以上離れていないと二点として確認されないというから、鈍感な場所である。

人間のあくびはイヌにも移るってホント？

他人があくびをすると、自分ももらってしまうことがある。

「もらい泣き」ならぬ「もらいあくび」は、いままで人間とチンパンジーだけでしか確認されていなかった。

だが、イギリスの研究（二〇〇八年六月）により、人間のあくびはイヌにも移ることが明らかになったのである。

これによって、イヌにも初歩的な、他者に共感する能力がある可能性が出てきたことになる。

ロンドンのバークベック・カレッジの研究員である千住淳氏らが専門誌に発表した記事によると、二九匹のイヌ中のおよそ七割が、人間のあくびを見たあとにあくびをしたという結果になった、とある。

この、あくびをもらってしまうという行為は、イヌが人間の社会的な「合図」を察知する能力に長《た》けていることを示しているといい、「共感する能力」もあるという証明になるらしいのだ。

イヌの気持ちを翻訳する「バウリンガル」というおもちゃやアプリも発売されているが、イヌの気持ちが完全にわかる日も、いつかはくるのかもしれない。

上にあがる緞帳は、左右に引くものより格が下？

劇場に掛けられている「幕《まく》」は、二種類ある。左右に開け閉めされる「引幕《ひきまく》」と、上下に開け閉めされる「緞帳幕《どんちょうまく》」だ。

江戸時代から明治時代まで、幕府が認定した森田座《もりたざ》や中村座《なかむらざ》など各座で行なわれる大芝居のときは、引幕が使用されていた。

特に、歌舞伎《かぶき》では「定式幕《じょうしきまく》」という引幕が使われている。歌舞伎をイメージさせる、萌黄《もえぎ》・柿《かき》・黒の三色の布を縦に繋ぎ合わせた、あの幕のことだ。

これは、初世中村勘三郎《なかむらかんざぶろう》が、幕府の用船（チャーター船）である安宅丸《あたけまる》の櫓《ろ》を漕《こ》ぐ音頭《おんど》を取った褒美としてもらった帆布《はんぷ》を、座の幕として用いたことがはじまりと伝わる。

一方、見世物小屋や小芝居など、各座以外の興行では引幕は使うことができず、緞帳幕にしなければならなかった。

引幕は、格式ある幕なのである。

ここから、小劇場で行なわれる公演を「緞帳芝居」といい、そこでの演者を「緞帳役者」と呼んだりした。この呼び名には蔑《さげす》みの意味合いも含まれていた。

なお、現在の歌舞伎座（東京都中央区）は森田座の流れをくみ、定式幕の色は下手《しもて》（向かって左）から黒・柿・萌黄の順に配列される。

一方、国立劇場は市村座《いちむらざ》の流れをくみ、黒・萌黄・柿の順となっている。

ドルの記号「$」が、Sに縦線になったワケ

アメリカ合衆国の通貨単位は「ドル」だが、記号にすると「$」になる。ドルの英語表記「dollar」には、Sのアルファベットは一つも入っていないが、なぜ記号が$になるのだろうか。

諸説あって定かではないが、有力な説は、スペインの通貨のレアル（real）がもとになっているとするものだ。

英語史研究家の佐久間治氏によると、一六世紀はじめ、海外交易で広く流通していたスペイン通貨のなかでも、特に多く使われたのは「8レアル」の銀貨だったという。この銀貨には「8R」と表記されていたが、8Rは1ペソ（peso）と同等の価値をもっていて、すでに「$」という記号で表されていた。

この8Rが基準となり、この頃から$記号が広く使われるようになったようだ。

なぜSに縦棒が入っているのかといえば、peso の複数形 pesos を略して書くときに、Pの上に小さいSを置いていたが、それがいつしかPとSを重ねるようにな

り、Ｐが縦棒に変化したという説がある。

植民地時代、建国まもないアメリカ合衆国の通貨のドルは、スペインのペソと同等に換金されていたことから、＄の記号を取り入れた。つまり、アメリカの方が、この記号を使うのは遅かったのである。

アメリカ通貨の「ドル」自体の語源は、一六世紀からヨーロッパで使用されていた「ターレル」（thaler）という名の銀貨にある。

つまり、このターレルが訛《なま》ってドルになったのだ。なお、近年まで使用されていたスロベニアの通貨「トラール」も、語源は一緒である。

ちなみに、ドルを漢字でどう書くか、おわかりだろうか。

正解は、「弗」。「＄」に似ていることから用いられたのだろう。

東京タワーの名前、本当は「昭和塔」になるはずだった？

平成三〇（二〇一八）年一二月二三日、東京・芝公園に建つ東京タワーは、完成以来六〇年の節目を迎えた。

昭和三三（一九五八）年一〇月一四日に完成した東京タワーは、一二月二三日に正式にオープン。

「パリのエッフェル塔よりも高いものを」という理想のもと、エッフェル塔よりも九メートルほど高くすることができた。高さ三三三メートルを誇り、当時においては世界一高いタワーとなった。

東京タワーが建設された理由は、テレビ局が相次いで開局するのにともない、各放送局の電波塔を一本化する必要があったからである。

そこで、大阪の新聞王・前田久吉らによって電波塔建設の計画がなされ、「耐震構造の父」とも称される建築家の内藤多仲《たちゅう》らによって設計・建築された。

名称については一般公募され、八万六〇〇〇通にもおよぶ応募がなされて、「昭和塔」という名称がもっとも多かった。次いで、「日本塔」「平和塔」なども候補に挙がった。

だが、審査会に出席していた徳川夢声《とくがわむせい》（一八九四〜一九七一）が推薦したことから、名称は「東京タワー」に落ち着いたのである。「東京タワー」という名前の応募は、全体の一パーセントにも満たなかった。

平成二三（二〇一一）年七月二四日までに、地上アナログから地上デジタルに放送形式が移行するのにともない、東京都墨田区押上《おしあげ》に新たな電波塔として「東京スカイツリー」が建設された。

現在、東京タワーの年間の入場者数はおよそ二五〇万人。

東京スカイツリーが完成したあとであっても、高度経済成長期を物語る遺産として、いつまでも多くの人びとを魅了する建物であり続けてほしいものである。

日本最古の書物は『古事記』ではない？

現存する日本最古の歴史書といえば、『古事記《こじき》』である。

『古事記』は、天武《てんむ》天皇の命により稗田阿礼《ひえだのあれ》に誦《よ》み習わせたものを、元明《げんめい》天皇の命によって和銅《わどう》五（七一二）年に太安万呂《おおのやすまろ》が撰録《せんろく》・献上《けんじょう》したものと伝わる。

だが、この『古事記』以前にも、書物がなかったわけではない。

『古事記』序文にも、「国家を治める大本にして民を教化する基となるべき『帝紀《ていき》』『旧辞《きゅうじ》』の誤りを改め正して、後世に伝える」旨《むね》が記されていることからも、『古事記』の前に書物があったことは明らかだ。

『古事記』のあとに完成した『日本書紀《にほんしょき》』によると、推古《すいこ》天皇二八（六二〇）年に、聖徳太子《しょうとくたいし》と蘇我馬子《そがのうまこ》は『天皇記』『国記』『臣連《おみむらじ》伴造《とものみやつこ》国造《くにのみやつこ》百八十部《ももあまりやそとものを》并公民等本記《あわせておおみたからどものもとつふみ》』という三部の書物をつくったとされる。

だが、皇極《こうぎょく》天皇四（六四五）年六月に蘇我氏が滅亡する際、これらの書物は邸宅とともに焼失してしまい、そのなかで『国記』だけが拾い上げられたという。なお、『国記』は現存していない。

平成一七（二〇〇五）年一一月、奈良県明日香《あすか》村の甘樫丘東麓《あまかしのおかとうろく》遺跡から、蘇我入鹿《いるか》の邸跡の一部が発見された。

建物は谷を大規模に造成して建てられたもので、焼けた壁土も見つかっていることから、『日本書紀』の記述とも一致する。今後の発掘調査次第では、『天皇記』や『国記』の存在が確認される可能性もあるのである。

新聞記事には、記事の前に「前文《ぜんぶん》」（リードとも）と呼ばれる導入文が付されている。

この文章をよく読むと、文末の記述が微妙に違っていることに気づく。

「○○署の調べでわかった」
「○○新聞の調べでわかった」
「関係者の話でわかった」
「関係者の話などでわかった」
「～が○日、わかった」

などである。

この表現のうち、「○○署の調べでわかった」という表記がある場合は、実はその新聞社の特ダネのときだ。

ジャーナリストである北村肇氏の『新聞記事がわかる技術』（講談社）によると、この表現方法の場合は、「警察が公表していない事実を、私の新聞だけがつかみました」とアピールしていることになるという。

本当ならば、「○○署の警察官から聞いた」という表現が正確なのだろうが、公務員である警察官には守秘義務があるため、「〇〇氏から聞いた」というように、正確に書くことができない。そのため、最小限にぼかした結果が、「〇〇署の調べでわかった」という書き方になったのだ。

では、それ以外の表現はどのようなときに使うのか。

「〇〇新聞の調べでわかった」というときは、捜査当局などとは関係なく、新聞社が独自に調べた記事。これも、先ほどとは違う意味で特ダネだ。ただし、検事から取ったネタのときも、検事の素性がバレないようにするため、あえてこの表現を使うこともある。

「関係者の話でわかった」のときは、事件の当事者に近い人物からの証言によって構成される記事のとき。

「関係者の話などでわかった」は、独自につかんだ情報を捜査当局の幹部に話して確認し、ウラが取れたときに使う。

最後の「～が〇日、わかった」は省庁関係の記事のときに多い。また、他紙に記事をスッパ抜かれたときに、「〇〇新聞の調べでわかった」と書くわけにはいかないので、この表現を使うという。リード文一つで、新聞記者がどれだけ独自にネタを拾ってきたかどうかが、わかるのである。

「満洲」の名前の由来は、文殊菩薩の「文殊」？

「満洲《まんしゅう》」とは中国東北部を指していう言葉で、昭和六（一九三一）年よりはじまる「満洲事変」や、清朝《しんちょう》の宣統帝溥儀《せんとうていふぎ》を傀儡《かいらい》として建てた「満洲国」などの歴史用語としてもお馴染みだ。

さて、この「満洲」だが、本来は地名ではない。

では何なのかといえば、民族名であり、国名である。

一六世紀後半、いまの中国東北部にヌルハチが女直《じょちょく》（女真《じょしん》）族の国を建てた。この国の名前を「満珠《まんじゅ》国」という。

この「マンジュ」の語源は、サンスクリット語で「マンジュシュリー」という仏様からきている。日本でも「文殊《もんじゅ》様」として親しまれている、あの「文殊菩薩《ぼさつ》」である。

文殊菩薩は知恵を象徴する神様で、普賢《ふげん》菩薩とともにお釈迦《しゃか》様の脇侍《わきじ》として祭られている。

『維摩経《ゆいまぎょう》』では、論客として知られた維摩居士《こじ》が病床にあったときに文殊菩薩が見舞いにいき、論を戦わせた話が有名だ。

中国ではこのマンジュシュリーに「曼殊室利」や「文殊師利」、「満殊尸利」などの字をあてた。

ヌルハチが国名に「マンジュ」とつけたかどうかは定かではないが、当時の女直族のあいだにはマンジュシュリー信仰が広まっており、それが国名の由来となったのは確実といえる。「満洲」という漢字は、マンジュに対する当て字だ。

一六一六年、推されてハンの位に就いたヌルハチは、かつて祖先が築いた国である「金《きん》」を継承するという意味で「後金《こうきん》」という名の国を建て、明《みん》から独立。一六二一年には瀋陽《しんよう》・遼東《りょうとう》を攻略して遼陽《りょうよう》に都を定め、次いで瀋陽に遷都する。

ヌルハチが「女真」から「満珠」に民族名を変えたのはこのときだ。

よく「満州」という表記を目にすることがあるが、正確にいうとこれは間違い。「洲」という漢字が常用漢字となっていないので、代わりに「州」という漢字を代用させているにすぎない。

正しくは、「満洲」なのである。

「彼氏」は明治時代の弁士・徳川夢声がつくった造語？

一九八〇年代以降、「彼氏」や「彼女」には二つのアクセントがあるといわれだした。アクセントが単語の頭にある場合と、語尾が上がる場合である。

識者などの意見では、たとえば「カレシ」と発音する場合、はじめにアクセントがあると「公認の彼氏」で、語尾にあると「非公認の彼氏」といわれたりした。

いまでは語尾が上がる場合の方を耳にすることも少なくないが、意味を違えて使い分ける意識も少なくなっているようだ。

さて、この「彼氏」という言葉がつくられたのは、昭和五（一九三〇）年頃のことである。

東京赤坂の映画館「葵館《あおいかん》」の弁士《べんし》だった徳川夢声が映画の説明をするときに、「彼女」という言葉に対するものとして考え出したのが「彼氏」という言葉だった。

弁士とは、無声映画時代に画面の説明を職業としていた人のことである。

昭和に入ってトーキー映画が流行《はや》り出すと活躍の場がなくなり、漫談や演劇に転じていった。

徳川夢声もそんななかの一人で、秋田の映画館で主任弁士を数か月間務めたあと、大正四（一九一五）年、赤坂葵館の主任弁士となる。

なお、徳川夢声の芸名の「徳川」とは、働いていた映画館の名前の「葵」から連想して、支配人が勝手につけたものだった。

学ランの「ラン」とオランダの意外な関係とは？

中学生や高校生が着る詰襟《つめえり》の学生服を「学ラン」と呼ぶ。通常の丈《たけ》よりも長いものを「長ラン」、短いものを「短ラン」という。

なぜ学生服を「学ラン」と称するようになったのか、それは江戸時代まで起源をさかのぼることができる。

実は江戸時代、洋服のことを「蘭服《らんぷく》」と呼んでいた時期がある。なぜなら、鎖国《さこく》時代で貿易を許された数少ない国のうちの一つがオランダであり、彼らが着ている服をそのように名づけていたためだ。

そこで、明治になってから詰襟の学生服を着用するようになったとき、「学生用の蘭服」ということで、「学ラン」といわれるようになったのだ。

このような時代の明治二二（一八八九）年に開校した東京美術学校（現在の東京藝術大学美術学部）では、日本固有の美術の振興を旨《むね》として学校が建てられたという背景から、古代の文官《ぶんかん》が着用した闕腋《けってき》・折烏帽子《おりえぼし》に似た制服や制帽を身にまとっていた。

岡倉天心《おかくらてんしん》が考案したというこの制服は、岡倉自身は積極的に着ていたが、生徒らはやはり気恥ずかしかったようで、彫刻家の高村光太郎《たかむらこうたろう》も著作のなかで「何となく厭《いや》でならなかった」（『美術学校時代』）と述べている。

同書によると、そんな古代の服が洋服の制服になったのは、高村が三年生の頃というから、明治三〇年代半ば頃のことであった。

ハンディキャップのキャップは、やっぱり帽子？

ゴルフや競馬などで耳にする言葉に「ハンディキャップ」がある。

英語では「handicap」だが、もともとは「hand in cap」である。そのまま訳せば、「帽子のなかの手」となる。

これは、罰金ゲームやくじで大金を手に入れた者が、周囲にわからないように、多くもらい過ぎた分のお金を帽子のなかに入れた、という話が起源になっている。

この、多く取った分を戻してチャラにすることが、ゴルフや競馬では、弱い立場にある人に有利になるように取りはからう意味に変化していった。

ゴルフの場合は、各競技者に一定の数値を与えておいて、ゲームが終わってからスコアからその数値を引く行為をいう。

競馬の場合は、強い馬の全斤量《きんりょう》(騎手体重＋馬具重量)を重くし、弱い馬は逆に軽くすることによって調整を行なう(ハンディキャップ競走)。

やがて二〇世紀になってから、「ハンディキャップ」という言葉は障害者をも指すようになった。

フレンチトーストの起源はフランスではなかった？

フレンチトーストは、実はヨーロッパ各国でつくられていた歴史を持っており、フランス発祥の食べ物ではない。

歴史においてはじめて「フレンチトースト」の料理法が登場するのは、一世紀のローマの料理人・アピキウスが記した書物でのこと。これより考えると、「ローマントースト」と呼ばれていたとしても間違いではない。

「フレンチトースト」という英語の名称がはじめて紹介されたのは、一六五八年に刊行されたロバート・メイ『料理名人』においてである。

だが、ヨーロッパ各国では、卵を浸してフライパンで焼く料理は、「ジャーマントースト」「スパニッシュトースト」とも呼ばれていたようだ。

二〇〇三年三月、アメリカ合衆国のワシントンの下院のカフェテリアで、フレンチトーストが「フリーダムトースト」と言い換えられたことがあった。

これは、イラク侵攻を早く実現したいアメリカに対し、国連にてそれを阻止しようとするフランスへの不満から起きた、「フレンチ排除」運動の一環での出来事だった。

だから、当時はフレンチトーストと同様、フレンチフライ（フライドポテト）も

「フリーダムフライ」と呼ばれていたのだった。

スケベは「好兵衛」、エッチは「HENTAI」がルーツ？

好色家のことを「スケベ」というが、これは「好兵衛」が転じた言葉だ。

はじめは好色な女性を指して「好女」と呼んでいたが、遊女《ゆうじょ》のあいだに男っぽい名前をつけることが流行ったため、「好」に「兵衛」の文字を加えたらしい。

スケベは、「助兵衛」または「好平」と書くことがある。

いまでは、スケベと呼ぶよりも「エッチ」ということもあるが、こちらはもともと女子学生のあいだの隠語《いんご》で、「HENTAI」の頭文字をとったもの。

昭和二七（一九五二）年、舟橋聖一が新聞に連載した小説『白い魔魚《まぎょ》』で用いられたのがきっかけとされる。

京野菜の「京」は京都ではなくて、平安京の「京」？

京都府によると、「京の伝統野菜」とは、
①明治以来の導入の歴史を有し、京都府内で生産されているもの
②たけのこを含み、キノコ類、シダ類を除いたもの
③栽培又は保存されているもの及び絶滅した品目を含む
と定義されている。

絶滅したものやそれに準じるものを含め、現在では四〇種類が認められている。

これらの野菜は「京野菜」と呼ばれ、ブランド名として現在も流通している。

京野菜はいまでも生産され続けているが、その歴史は平安時代までさかのぼることができる。

平安京の人口は十数万人といわれるが、当時でも人口が多かったこの都市に住む人びとの食生活をまかなうことは、並大抵のことではなかった。

しかも京都は海から遠い。

そこで、洛外《らくがい》において野菜の生産が行なわれるようになっていく。京都は四季の移り変わりが明らかで、昼夜の寒暖の差も大きい。

また、周囲の山々からの花崗岩《かこうがん》の風化した砂質や粘土質の土壌は肥持《こえも》ちがよく、

野菜の栽培に適していたのだ。

加えて、全国各地や中国大陸からは、朝廷や寺院への献上品として、野菜の生産技術や種などが自然と集まってきた。京都は自然と政治が、野菜をつくることができる状況を後押ししていたのだ。

このことから、「京野菜」の京とは平安京時代からの名残《なごり》ともいえ、「京都」という地名から取られたものではなく、平安京の「京」と理解できる。

京野菜の種類としては、賀茂《かも》ナスや壬生菜《みぶな》、聖護院《しょうごいん》だいこん、すぐき、鹿ケ谷《ししたに》かぼちゃ、堀川《ほりかわ》ごぼうなどが有名だが、時代とともに京野菜の生産地は移動しているのが現状だ。

たとえば、賀茂ナスは賀茂でつくられているのではなく、主に亀岡《かめおか》市や綾部《あやべ》市でつくられているし、壬生菜も中京区壬生以外でもつくられている。

このようになってしまった原因には、農地の市街地化や後継者不足などの影響があることから、京野菜を守るために府も協力し、平成一四（二〇〇二）年一二月には「京野菜こだわりプロジェクト」が発足。

いまでは、六つの視点（土・技術・環境・健康・信頼・地域）にこだわった野菜づくりが推進されているのだ。

「個人タクシー」誕生の知られざる裏事情とは？

東京で個人タクシー営業が許可され、初免許の一七三人が誕生したのは、昭和三四（一九五九）年のこと。

この個人タクシーの誕生は、実は一人の大学生の死がきっかけとなっている。昭和三三（一九五八）年一月、一人の東大生が赤門前でタクシーにはねられて亡くなった。

それがなぜ、国会議員をも巻き込んだ問題に発展したのかというと、昭和三〇年代のタクシーは「神風《かみかぜ》タクシー」と呼ばれるほど、乱暴な運転が目立っていたからだ。

神風タクシーは、信号無視や強引な追い越しは当たり前。あげくの果てには急旋回して方向を変える始末。

一説によると、「神風タクシー」という名称をつけたのは東京を訪れた外国人で、道路をかっ飛ばすタクシーを見て命名したという。

当時は、運転手の固定給が少ない一方で課せられたノルマは厳しかったから、歩合給を稼ぐために無謀な運転を繰り返すことが少なくなかった。また、タクシーが不足していることも原因の一つだった。

そんななか起きたのが、先述の事故だったのだ。

運輸省はそのため、昭和三四年八月、タクシーの個人営業を認める方針を打ち出す。四〇歳以上、優良マーク保持者が条件で、六四〇〇人の応募者のなかから選ばれたのが、初免許となる一七三人だったというわけだ。

だが、個人タクシーの許可がはじまったとはいえ、そんなに早く運転手の意識やマナーが変わるはずはなく、タクシーのサービス向上は昭和四五（一九七〇）年の東京タクシー近代化センター（現在の東京タクシーセンター）の設置を待たなければならなかった。

8章

誰もがうなる！

納得の雑学

なぜ飛行機は左側から搭乗するのか？

飛行機を乗り降りするとき、乗客は機体の左側から搭乗する。右側から機内に入ることは、まずない。

これは、旅客機に船の慣習が持ち込まれているためだ。

船は船首に向かって右舷《うげん》の船尾に舵板《かじいた》が取り付けられているため、また、スクリューの回転により、左側を岸壁につける方が容易だった。

このことから、船は左側から乗客を乗り降りさせ、荷物の上げ下ろしをしていたのである。

飛行機にはこの他にも、船にまつわる慣習が随所《ずいしょ》に取り入れられている。

まず、空港は英語でエアポートというが、直訳すれば「空の港」となる。旅客機の機体はシップだし、機長はキャプテン、客室はキャビン、乗客はパッセンジャーである。

これらはすべて、客船でも同じ呼び名なのだ。

さらに、コックピットで機長が座るのは左側で、空の道は原則として右側通行となっており、これも船と同様である。

パパラッチという名前を世間に流行らせた映画とは？

有名人の何気ない日常をスナップし、また、どこまでも追いかけてスクープを狙うカメラマンを「パパラッチ」と呼ぶ。

パパラッチはもともとイタリア語で、「ヤブ蚊」の意味を持つ言葉。有名人にまとわりつき写真を撮りまくる姿を、人間の血を吸うためにブンブン飛んでいるヤブ蚊になぞらえたものだ。

フェデリコ・フェリーニ監督の映画『甘い生活』（一九六〇年）に登場するスクープカメラマンの呼び名として「パパラッチ」という名称が使われたことから、フリーとして活動するスクープカメラマンをパパラッチと称するようになった。

世間にパパラッチという名称が広まるのは、一九九七年に起きたダイアナ元妃の死亡事故以降のこと。フランスのパリで、エジプト系イギリス人のドディ・アルフアイドとともにダイアナが亡くなったのは、パパラッチによる執拗《しつよう》な追っかけが原因だったともいわれたからだ。

パパラッチが主に活躍するのは、イギリスのタブロイド紙。日本でいうところのスポーツ紙だが、ゴシップ好きのイギリス人にとってみれば、芸能人やロイヤル・ファミリー、スポーツ選手のゴシップはいわば「ご馳走《ちそう》」となる。

テレビ主導の世の中だから、静止している写真よりも動く映像の方が価値があると思えるが、実はイギリスには日本のようなワイドショーがないため、写真の方が重宝されているのだ。

ロイヤル・ファミリーはもちろん、芸能人どうしのあいだに生まれた子どもや、超人気のサッカー選手などを仕事の対象にしているパパラッチ。有名なサッカー選手の場合、歩いている写真だけで二〇〇ポンド（約二万九〇〇〇円）、クラブでハメを外して騒いでいる写真ということになれば、一気にギャラは跳ね上がって、五〇〇〇ポンド（約七三万円）にもなる。

なお、先ほど紹介したダイアナ元妃の死亡事故直後の写真は、イギリスの大衆紙『サン』がパパラッチに三〇万ポンド（当時のレート換算で約六〇〇〇万円）を支払ったといわれている。

しかし、最近は写真に取られた有名人がパパラッチなどを訴えるケースも増えたため、かつての「のぞき」のようにして撮ったスクープ写真は掲載しづらくなっている。事情はイギリスも日本も同じようである。

「ウンともスンとも」の語源は、実はカルタにあり？

黙って何も言葉を発しないことを「ウンともスンともいわない」というが、この「ウン」は数字の一を、「スン」は最高を意味している。

これは、江戸時代に伝わった「ウンスンカルタ」が語源といわれる。

一六世紀末、南蛮《なんばん》カルタをもとにして日本初のカルタである「天正《てんしょう》カルタ」ができた。これを改良しておよそ一世紀後に生まれたのが、ウンスンカルタだ。

パオ（こん棒）・イス（剣）・コツ（聖杯）・オウル（貨幣）・グル（巴紋《ともえもん》）の五種類のカードが一五枚ずつで、計七五枚。各種類のカードには一～九の数札と、スン（唐人《からびと》）やウン（七福神《しちふくじん》）など六枚の絵札がある。

主な遊び方は、八人が二組に分かれて行なう。四人ずつが敵味方にわかれ、車座《くるまざ》に座る。一人あたり九枚ずつ札を配り、もっとも強い札を出した人の総取りとなる。ただ、札の強弱が途中で入れ替わるなど、少しルールは複雑で、頭を使う長丁場《ながちょうば》のゲームだ。

この複雑さがそうさせるのか、このカルタで遊んでいると考えに詰まることがあり、何もいわなくなることから、「ウンともスンともいわなくなる」といわれるようになったという説がある。

言葉の由来としては、「ウン」は肯定の「うん」で「スン」は語呂合わせという説や、「スン」は「候《そうろう》」が訛《なま》ったものという説もあるが、カルタ起源の説が有力である。

このウンスンカルタ、江戸時代には全国的に流行するも、寛政《かんせい》の改革（一七八七～九三）によって秩序の安定を図るために禁止となってしまうのだが、いまでも伝統が受け継がれている地域が一つだけある。

それが熊本県人吉《ひとよし》市で、地元の町内会や市の教育委員会が協力し、保存運動が続けられている。

現在では県の重要無形文化財に指定され、令和三（二〇二一）年一一月、コロナ禍のなか二年ぶりにウンスンカルタの競技会が催されている。

なぜマイクのテストは「本日は晴天なり」なの？

日本初の放送業務会社の社団法人東京放送局が設立されたのは、大正一三（一九二四）年一一月二九日のこと。現在のＮＨＫの前身となる放送局である。

そして翌年三月二二日、午後〇時三〇分、東京芝浦にある高等工芸学校に設けられた仮スタジオから、ラジオ時代の幕開けとなる第一声が発せられた。

「アー、アー、聞こえますか。ＪＯＡＫ、ＪＯＡＫ、ＪＯＡＫ。こちらは東京放送局であります」

この冒頭の「アー、アー、聞こえますか」という呼びかけは、聴取者の鉱石ラジオがうまく受信できているかどうかを試すためのものだったが、壊れている場合に「聞こえますか」と呼びかけても仕方がないということで、「アー、アー、本日は晴天なり」という呼びかけ方になった。

この「本日は晴天なり」という台詞《せりふ》だが、実はきちんとした根拠があって発せられたものである。

一九世紀半ばのアメリカの電信会社では、お互いに天気状況を送信することによって、通信がうまくいくかどうかを試していた。

そのときに使われた言葉が、「It is fine today.」だったのだ。放送に使われる子音や母音、破裂音などが適度にこの文章のなかに含まれていることがその理由である。

つまり、「本日は晴天なり」は、この It is fine today. の訳なのだった。

中世まで珍重された魚は鯛ではなく、鯉？

錦鯉《にしきごい》は英語で「コイ」(koi) と呼ばれている。

景気が上向きの中国や、アメリカ、ヨーロッパの富豪が観賞用として、日本の錦鯉を育てるのが人気になっているため、外国でも日本名が用いられているのだろう。

食用として考えると、いまでは鯉よりも鯛《たい》の方が高級で地位が高いとされているのだが、実は中世においては鯛よりも鯉の方が、高級な魚とされていたのだ。

吉田兼好《よしだけんこう》の『徒然草《つれづれぐさ》』には、鯉の羹《あつもの》（吸物）の話があり、天皇の御前でも料理されるものであることから、「やんごとなき魚なれ」（尊重すべき魚である）と記されている。

また、『古今著聞集《ここんちょもんじゅう》』や『とはずがたり』によると、天皇の前で披露される包丁式の素材には鯉が使われていたと伝わる。

だが、近世になって網を用いる漁法が考え出されると、漁獲高も増え、流通システムも確立し、海の魚が庶民に多く食べられるようになってくる。

そこで、海水魚の鯛が多く用いられるようになり、鯉をトップの座から降ろしたのである。江戸時代の料理書である『料理物語』（一六四三年）は、すでに鯛を書のはじまりに持ってきている。すでに扱いが、この時点で変わっていることがわかるのだ。

タフ・ガイの「ガイ」は、イギリス人男性の名前？

ほとんど寝ないで何日間も仕事したり遊んだりしている男を称して、「あいつはタフな奴だ」といったりする。

また、一時流行った言葉で、好青年のことを「ナイスガイ」と呼んだ。

この、タフ（・ガイ）やナイスガイの「ガイ」は、イギリス人のガイ・フォークス（一五七〇～一六〇六）のことである。

ガイ・フォークスは、イングランドで一六〇五年に起こった火薬陰謀事件の実行責任者として逮捕され、処刑された人物。赤毛で、立派な髭《ひげ》を蓄えた偉丈夫《いじょうぶ》であった。

この火薬陰謀事件とは、イングランドのカトリック教徒が、ゆるめられることのない弾圧に不満を持ち、議事堂に火薬を仕掛け、国王・ジェームズ一世（在位一六〇三～二五）もろとも爆破しようとした陰謀事件である。

ジェームズ一世の国教会優遇政策により、カトリック教徒は弾圧を受けていた。そこで、カトリック教徒であるフォークスが選ばれたのだった。

フォークスは勇気を持ってゲリラ活動を繰り返し、見張り役や火薬への点火の任務に就くが、発見され、逮捕。裁判にて極刑に処せられることになった。

処刑方法はいまから考えると残忍なものであったらしく、絶命する前に心臓をえぐられてそれを見せられたとも伝わっているほどだ。

だが、それも、国王に背《そむ》いたための報《むく》いであった。

なお、日本ではじめて「タフ・ガイ」と呼ばれた男は石原裕次郎で、昭和三〇年代前半のこと。

石原裕次郎に続き、高倉健や赤木圭一郎も同様に呼ばれるようになった。

泥酔の「泥」は、土ではなくって実は虫？

酒に飲まれてしまい、酷《ひど》く酔うことを「泥酔《でいすい》」というが、この言葉の「泥」は、想像上の虫の名前で、南方の海中に住んでいる。

この泥は、いつも住んでいる海中ではいきいきと動いているのに、水がなくなるとフニャフニャしてくるという。

酔った人間がこのフニャフニャ状態の泥に似ていることから、「泥酔」と呼ばれるようになったとのことである。

酔った状態のその他の言葉には、「千鳥足《ちどりあし》」や「グロッキー」などがある。

「千鳥足」はそのまま、千鳥のような歩き方をするところから名づけられた。「千鳥」とは、チドリ科の鳥のうち、小型のものをまとめていう総称。足の指が三本で、ヨタヨタと歩く様が語源になっている。

「グロッキー」は日本語として使われる場合で、本場の英語では「グロッギー」(groggy)である。

一八世紀半ば、イギリス海軍がコロンビアに攻撃を仕掛けた際、提督《ていとく》は部下の士《し》気《き》を鼓舞《こぶ》しようと酒を飲ませた。その酒は提督のあだ名から「グロッグ」(grog)という名称を持っていた。

提督がいつも身につけていた外套《がいとう》は粗野な織物(gross grain)だったため、「Old Grog」というあだ名で呼ばれていたのだ。

このグロッグは強い酒で、飲むと足下がフラフラとする。それより、酩酊《めいてい》した状態あるいはフラフラな様を「グロッギー」と呼ぶようになったという。

ブータンの山に永久に登れないそのワケは?

国民の福祉や利益を最優先に政策が考えられている国が、ブータンだ。教育や医療は原則として無料で、国民が幸福感を感じる割合が高いとして「世界でもっとも幸せな国」の一つと称されている。

また、二〇〇四年一二月には、環境保護あるいは仏教的な面から、世界ではじめての禁煙国家となり、国内でのタバコ販売が禁止となったことでもその名が知られる。

そんなブータンは、国連に加盟する一九七一年になるまで鎖国《さこく》していた国とあって、まだまだ独自の文化が残っており、観光資源は豊富にある。

登山による外貨収入もそのうちの一つで、一九八〇年代はじめに解禁された。

ブータンには八〇〇〇メートル級の山はないが、七〇〇〇メートルを超える山は数多くあり、登山家にとってはブータンが抱える未踏峰《みとうほう》に登ることが大きな目標となっていった。

ブータンにはもちろんビザがあるが、当時は一人一日一〇〇ドルだった。登山隊ともなれば、二〇～三〇人でパーティを組んでやってくる。

農業以外に生産手段を持たないブータンにとってみれば、とても魅力的な外貨収入源だった。

だが、一つ問題があった。

ブータンには、ネパールにいるような「ポーター」がいないのである。ヒマラヤトレッキングで同じく外貨を稼いでいるお隣のネパールでは、「シェルパ」という部族がトレッカーあるいは登山者のサポートをする体制が整っている。

そのシェルパがいないブータンでは、政府が農民を徴集することによってサポート隊を組んでいたのだ。

しかし、登山が行なわれる秋以降は、農民にとってみれば収穫の時期だから、田んぼを離れるわけにはいかない。

業《ごう》を煮《に》やした農民たちは、国王に直訴《じきそ》し、自分たちの仕事ができないことを訴えた。

すると国王はすぐさま、登山隊のポーターとして農民を徴集することを禁止したのである。ポーターなしでは登山はできず、実質、登山の禁止となったのだった。

のちに、これは国会でも了承され、「登山永久禁止条例」が出されることになった。

二〇〇四年、ブータンには第四代国王の許可のもと、アマンリゾートが経営する「アマンコラ」がオープン。アマンコラはブータンに点在するホテルの総称だ。

このホテルは高級の部類に属するものだが、外観などはごてごてした感じではなく、自然にとけ込むようにデザインされている。

とはいえ、かつての鎖国ブータンにも、近代化の波は徐々に押し寄せているようである。

坂上田村麻呂の髭は、重さ一二〇キロのつけ髭だった？

日本ではじめての征夷大将軍《せいいたいしょうぐん》とされる坂上田村麻呂《さかのうえのたむらまろ》。彼のトレードマークは、あご髭《ひげ》だった。

当時は髭を生やすのは一般的だったから、田村麻呂の髭が取《と》り沙汰《ざた》されることはおかしいのだが、なぜ彼の髭だけが有名なのかというと、実はその髭が「黄金に輝いていた」と伝わっているからだ。

『御筆伝記《ぎょひつでんき》』によると、田村麻呂の髭は黄金の糸を繋《つな》いでつくられていたといい、重いもので二百一斤《きん》（約一二〇キロ）、軽いもので六四斤（約三八キロ）と記されている。

一二〇キロもの髭をつけるというのは想像できない話で、重さも多少は誇張されているると思われるが、重くて立派な髭をつけていたことは想像できる。

その他の文献にも、「赤面黄鬚、勇力人に過ぐ、将師の量あり」と記されていることから、黄金の髭をつけていたことは事実なのだろう。

さて、冒頭にも「日本ではじめての征夷大将軍」と紹介している田村麻呂だが、実は田村麻呂の前にも征夷大将軍がいたという事実がある。

延暦《えんりゃく》三（七八四）年に任じられた大伴弟麻呂《おおとものおとまろ》がそれで、「征夷大将軍」という役職は蝦夷《えみし》征伐が必要になったときのみ置かれる臨時の官職であった。

田村麻呂は勇猛果敢《ゆうもうかかん》な伝承と実績で知られてきたために、彼の方が有名になってしまい、後世まで伝わってきたようである。

モガに続いて生み出された「モバ」「モジ」って、何？

大正末期から昭和のはじめによく使われた言葉に、「モガ」「モボ」がある。

この言葉はそれぞれ「モダン・ガール」「モダン・ボーイ」の略で、西洋文化の流行を取り入れた風俗・ファッションを身にまとった若者をこう呼んだ。

この略語を考え出したのは、新聞社の編集長だったという説がある。

新聞は文字を載せるスペースが決まっている。必要最低限の言葉を使い、より多くの情報を伝えなければならない。

だから、いちいち「モダン・ガール」「モダン・ボーイ」と書いていては文字数を無駄に使うことになってしまう。そのため、「モガ」「モボ」という略語が生まれたというわけだ。また、「モバ」「モジ」という略語もあったが、これは「モダンばばあ」「モダンじじい」の略である。

さらに、「モダン・ガール」という言葉の使い方にならい、同時期にさまざまな呼び名が生み出されている。それを一部、挙げてみよう。

ウーピー・ガール（whoopee girl）「わいわい（お祭り騒ぎをする）女」

エヤー・ガール（air girl）「飛行機の女性客室乗務員」（のちのスチュワーデス）

エンゲルス・ガール（Engels girl）「マルクス主義にかぶれた女」（「マルクス・ボーイ」の対語）

ガソリン・ガール（gasoline girl）「ガソリンスタンドの女性販売員」

ステッキ・ガール（stick girl）「ステッキの代わりに連れて歩く女性」（「ハンドバッグ・ボーイ」の対語）
テケツ・ガール（ticket girl）「切符売りの女性」
この他、多くの造語が現れた。
ちなみに、現代なら「ファッションモデル」という呼び名の職業は、当時は「マネキン・ガール」（mannequin girl）といった。

タンポポのもとの名前は「チンポポ」？

公園や野原に咲くキク科の多年草、タンポポ。

タンポポ属は北半球の温帯から寒帯にかけておよそ二〇〇〇種を数え、日本にはそのうちミヤマタンポポやエゾタンポポなど、約一〇種類が自生している。

タンポポには日本特有のものと西洋から入ってきたものとがある。西洋からのものは、明治初期にヨーロッパから牧草の種子などに混じって入ってきたらしく、いまでは日本のタンポポよりも幅を利《き》かせている。

タンポポの語源については諸説あるが、タンポポの花を二つ、それぞれ外に向けて合わせると鼓《つづみ》の形になり、これを打つまねをしながら「タン、ポッポ。タン、ポッポ」といって母親が子どもをあやしたという習慣がもとになっているという。

実際、江戸時代にはタンポポは「鼓草」と呼ばれており、民俗学者の柳田國男や微生物学者の中村浩も、鼓草を鼓に見立てて出す音に結びつけたという説をとっている。

また、タンポポの語源について興味深いのは、中国由来の説だ。

現在の中国ではタンポポを「婆婆丁」と書き、ポポチンと呼んでいる。「丁」は香気《こうき》を意味し、昔は丁の字が上についていて「丁婆婆」つまりチンポポと称したという。

この「チンポポ」がタンポポに変化したというのが、一つの説としてあるのだ。

タンポポの漢名は「蒲公英」というが、これは字音が似ている「僕公罌」の転訛《てんか》で、罌はケシを指す。

確かにタンポポも茎や葉を傷つけると白い乳液が出てくる。それがケシに似ているとされたのだろう。

「七五三」誕生と出生率の意外な関係とは？

一一月一五日は七五三の日で、晴れ着を着せてもらい、特に女の子はほんのりとお化粧を施《ほどこ》して、可愛らしい。

七五三の日は、三歳の女の子、五歳の男の子、七歳の女の子が、氏神様《うじがみ》に無事に成長できたことと、これからの守護《しゅご》をお祈りするため、神社にお参りにいくことになっている。

七五三とは子どもの通過儀礼であり、三歳時に行なう「髪置きの祝い」、五歳時に行なう「袴着《はかまぎ》の祝い」、七歳時に行なう「帯直しの祝い」などの風習が次第に合わさり、江戸の町にある神田明神《かんだみょうじん》や深川八幡《ふかがわはちまん》、芝《しば》明神、赤坂山王社《あかさかさんのうしゃ》で子どもの祝いとして七五三の原型ができてきたのだ。

昔はいまほど食糧事情や衛生状態がよくないから、幼児期に死んでしまうことも少なくなかった。

「七歳前は神の子」といって、七歳になる前に死亡した場合は本葬を出さなかった。

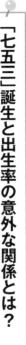

近畿地方には七歳になった子どもに神主《かんぬし》が氏子札《うじこふだ》を与える行事があるが、これも七歳を区切りとして一人前の人間と認めたことを示していよう。

一一月一五日に七五三が行なわれるようになったのは江戸時代のことで、それまでは特に決まった参詣日はなく、正月や誕生日など吉日を選んでお参りしていたようである。

なお、七五三のときに買う「千歳飴《ちとせあめ》」はもともと「縁起飴《えんぎあめ》」と呼ばれ、子どもだけではなく老人を祝う行事にも用いられていた。

この飴を食べると長く伸びることから、長生きすることにかけられた縁起物である。

なぜ無人島にも神さまが祭られている？

人が住まない無人島にも、神さまは祭られている。

いまのように機材が発達していない昔の航海はまさに命がけであり、天候や潮目《しおめ》を見るのは長年培《つちか》った経験と勘《かん》だけが頼りだ。

だから、海にぽっかりと浮かぶ小さな島であっても、陸に戻るときには重要な目安となるし、万が一漂流してしまったときにはそこへ上陸し避難しておけば、もしかしたら助かるかもしれなかった。そんなときは、無人島といえども、わが身を救ってくれる神となる。

無人島が崇敬《すうけい》されるようになるのは、そんな理由もあったかも知れない。

無人島に祭られている神として、その名がつとに有名なのは、玄界灘《げんかいなだ》の真っ直中に浮かぶ沖ノ島《おきのしま》だ。周囲四キロ、標高二四三メートルの小さな島である。

小さな島ではあるが、歴史は古い。戦後から行なわれていた発掘調査によって、およそ八万点にもなる神宝類や、二万点の縄文・弥生時代の遺物などが発見され、「海の正倉院《しょうそういん》」とも称されている。

また、この島は宗像大社《むなかたたいしゃ》の神領《しんりょう》で、宗像三女神のうちの市杵島姫命《いちきしまひめのみこと》を祭っている。島全体がご神体《しんたい》で、女人禁制。しかも、男性とても毎年五月二七日の大祭以外の日は上陸することができず、上陸できる人数も二〇〇人に限定されているのだ。

さらに、たとえ島の近くを航行する船の乗組員が島に避難することになったとしても、宗像大社の社務所の許可をもらい、禊《みそぎ》をしてからでないと上陸することができない。それほど、厳格に守られている島である。

なお、沖ノ島はユネスコの世界遺産（文化）に『神宿る島』宗像・沖ノ島と関連遺産群」という名称で登録されている。

北海道でニシンを「鯡」と書く理由は？

普通、魚のニシンを漢字で書きあらわすとき、「鰊」と書く。寿司屋で見かけるような湯呑みにも、ニシンは鰊として記されている。

だが、かつてニシン漁で栄えた北海道江差《えさし》地方では、ニシンを漢字で「鯡」と書く。なぜ、ニシンが「魚に非《あら》ず」と表記されなければならなかったのかというと、江戸時代、蝦夷地《えぞち》では米が穫れないため、その代わりにニシンが藩の経済を支えていたことによる。

つまり、米の代わりにニシンが肥料として本州へ送られ、米となって戻ってくるので、「魚ではなく、米」という意味合いを込めてつくられた漢字だったのだ。

ニシンは旧暦の二月末に津軽《つがる》海峡に現れだし、次第に北上してきて、蝦夷地では三～四月に漁獲の最盛期を迎えていた。五～六月にはニシンを製品として加工する作業をし、六月には終わっていた。

「江差の五月は江戸にもない」という言い回しがあるが、これはニシン漁で活気を呈していた江差を表現したものである。

かつては年間一〇〇万トンもの漁獲高があったが、海流の変化や乱獲などにより、昭和三〇年代から下降線をたどっていく。ニシンは、いまでは外国からの輸入がほとんどだ。

ニシン漁には大網が使用され、大きな資金や、大量の資材・人材が必要だった反面、実入りも莫大なものとなった。北海道ではそんなニシン漁で財をなした網元《あみもと》が建てた家を、「ニシン御殿」と呼んでいた。

迷って軍配を真上に上げた行司がいた？

取り組みのクライマックス。

土俵上で力士がお互いに俵《たわら》に足を掛け、こらえきれなくなり、同体で土俵下へ落下する……。

このようなときでも、行司は「相撲規則」の審判規則（行司）に則《のっと》り、「勝負の判定にあたっては、如何《いか》なる場合においても、東西いずれかに軍配《ぐんばい》を上げなければならない」。

だが、この規則は明治時代にできたもので、江戸時代には、勝負の判定がつけられなかった行司が頭の上で軍配を振ったこともあったのだ。

また、大正時代までは、物言《ものい》いがついて判定しにくい場合には、「協会預かり」となっていたこともある。

立《たて》行司（最高位の行司）は小脇に短刀を差しているが、これは軍配の差し違いをしたときに割腹《かっぷく》した名残《なごり》。

相撲の行司の職に就く者は、それほどの覚悟と矜持《きょうじ》があるということなのである。

江戸時代、大名のほかに「小名」がいたって、ホント？

有力な武家の領主のことを「大名《だいみょう》」と呼ぶが、実はこれと対になる歴史用語には「小名《しょうみょう》」もあるのだ。
小名とは「中世、名田《みょうでん》・領地がそれほど多くなく、勢力も大きくなかった武士」または「江戸時代、領地の少ない大名」のことを指す。

時代によって意味合いが異なってくるが、戦国時代から使われだした言葉のようで、おおよそは先述のような存在であった。

江戸時代、大名とは幕府将軍から直接、一万石以上の領地を与えられた者を指しており、一方、将軍直属の家臣で一万石以下の知行高《ちぎょうだか》を持っているものを「直参《じきさん》」といったのである。

だからといって、直参＝小名ということではなく、あくまでも大名との対語で捉《とら》えるべきだろう。

フェンシングの「fence」は騎士道精神の表れ？

フェンシングは「フルーレ」「エペ」「サーブル」の三種目に分かれているが、これは剣の違いによるもの。

フルーレやエペは突きによる攻撃で、フルーレの有効面は胴体（首と手足を除く）、エペは全身となっている。

唯一、「切る」動作が採用されているのがサーブルで、騎馬民族が馬にまたがりながら剣を扱っていたという歴史があるため、ポイントとなる有効面は上半身だけだ。

このように、フェンシングは中世ヨーロッパの騎士らの剣技に由来を持ち、近代になるまで、ヨーロッパで広く知れわたるようになる。

フェンシングの語源は、「fence」（守る）からきているが、ルールを「守る」ことはもちろん、自分の身や名誉を「守る」ことがフェンシングの目標である。騎士道精神が随所に見られる競技なのだ。

なお、フェンシングは古代ギリシアのオリンピックにおいても競われており、第一回近代オリンピック（一八九六年）からの正式種目でもある。

近代オリンピックの創設者であるピエール・ド・クーベルタン男爵もまた、フェンサー（フェンシング選手）であった。

ジェット風船の発祥は甲子園球場で、広島ファンが最初？

七回裏、ひいきの野球チームが攻撃に移る前、ファンは一斉にジェット風船を飛ばす。色とりどりの風船が、「ピューッ」という音とともに夜空を舞う姿に、戦いの終盤へボルテージも一気に上がっていく。

このジェット風船、阪神タイガースの本拠地である甲子園球場でのものが有名だが、考案者は阪神ファンではない。実は、広島ファンである。

『神戸新聞』（二〇〇六年八月九日付）によると、考案したのは近畿カープ後援会のメンバーで、「禁止されていた紙吹雪に代わるものはないか」と探していたところ、おもちゃ屋でジェット風船を見つけ、甲子園に持ち込んで、子どもらとともに飛ばしたという。

これが阪神ファンのあいだにも広まり、甲子園の名物となったのだった。それと同時期に、地元広島市民球場にも逆輸入されることになる。

応援方法に関しては、広島ファン発祥というものが実は多くあり、トランペット応援や、選手別の応援歌も、広島発。選手別の応援歌は、山本浩二選手（当時）を特別に応援するためだった。

外野スタンドで観客が半々に分かれて、立ったり座ったりして応援する「スクワット応援」も、広島ファンが発祥だ。

ちなみに、スクワット応援を一試合続けると、二〇〇キロカロリーの消費になるという。

ひとりぼっちの「ぼっち」、実はお坊さんのこと？

仲間や身寄りがいないことを「ひとりぼっち」または「ひとりぽっち」というが、この「ぼっち」「ぽっち」は、「法師《ほうし》」が訛《なま》ったもの。最近ではクリスマスを一人ですごすことを「クリぼっち」と呼ぶそうだ。

「ひとりぼっち」を漢字で書くと、「独法師」となる。

法師とは「仏法を教え導く師」のことで、後世になると僧侶全般も指すようになった。また、中世以降には、世過《よす》ぎのために僧形に扮した者も指すようになり、髪を剃り上げた幼子を「小法師《こぼし》」と呼んだのもこれによっている。

日本各地の昔話に「だいだらぼっち」という巨人の伝承があるが、これも漢字に直すと「大太郎法師」になる。

だいだらぼっちは柳田國男が『ダイダラ坊の足跡』（昭和二年）でもとりあげているように、山をつくったり、足跡が湖になったりという話が多い。

たとえば、だいだらぼっちが富士山をつくるために甲州《こうしゅう》の土を使ったことから、甲州盆地が生まれたという話や、赤城山《あかぎやま》に腰掛けて踏ん張ったときにできた足跡が赤沼《あかぬま》であるという話などである。

一寸法師も「ほうし」の名称がついているが、これはだいだらぼっちを生み出した発想と逆のものといえる。

一方、「ぼっち」「ぽっち」という言葉の指す状況が、「独り身でぽつねんといる」ということから考えるに、「ぼっち」「ぽっち」は小さい点を表す「ぽち」と関連しているとする説もある。

小さなボタンなどを押すときに使う「ポッチ」のことである。

関西地方では祝儀やチップを「ぽち」というが、これも「小さい」という概念からきた言葉であるともいえる。

新潟県のとある神社のご神体は、ニワトリ？

新潟市西蒲区《にしかんく》巻町《まき》の越前浜《えちぜんはま》にはご神体がニワトリという神社がある。その名も、「鳥之子《とりのこ》神社」という。

新潟（越後《えちご》）なのに「越前浜」という地名があるのも珍しいが、ここに住んでいるのは、越前の戦国大名・朝倉義景《あさくらよしかげ》（一五三三〜七三）に仕えていた武将の末裔《まつえい》という。

天正《てんしょう》元（一五七三）年、織田信長《おだのぶなが》に朝倉義景が攻め滅ぼされたとき、義景は一乗谷《いちじょうだに》で自刃《じじん》し、一族は方々へ散り散りになった。このとき同行していた武将たちが小船に乗り、何日も海を漂っていた。

そしてある夜明け、武士たちは猛々《たけだけ》しいニワトリの鳴き声を聞く。これこそ安住の地を教えてくれる神の声だと、武士たちは角田山《かくだやま》の麓《ふもと》に上陸した。このことから、その浜を越前浜と名づけたと伝わる。

また、神の声と聞こえたニワトリを祭り、鳥之子神社を創建。以来、彼らはニワトリの肉や鶏卵を口にすることを禁忌《きんき》としたのだ。

いまもこの風習が残っているか定かではないが、氏子が旅行先などでどうしても肉や卵を食べなければならないときは、旅先から留守中の家族へ連絡をし、鳥之子様に謝っておいてくれるように伝え、家族はその人が食べた数と同じ鶏卵を供えて許しを乞《こ》うたという。

旅行先から帰った当人は、その後鳥之子神社に参拝し、お詫び参りをしたそうだ。

グランドスラムはそもそもトランプ用語？

ゴルフやテニスなどで、大きな大会を総なめすることを「グランドスラムを達成した」という。

スポーツ界ではじめてグランドスラムという言葉を使ったのはゴルフ界で、一九三〇年にアマチュアのボビー・ジョーンズが全米アマチュア選手権・全英アマチュア選手権・全米オープン・全英オープンを一年のうちに制したときに使用された。

この「グランドスラム」（Grand Slam）という言葉はもともとトランプ用語で、ブリッジで全勝することを指す。

「slam」という単語は「(窓・戸などを) バタンと閉める」などという意味。マンガのタイトルにもなっている「スラムダンク」は、バスケットボールでのダンクシュートを指している。

この意味から転じて、スラムという単語には「圧倒的な強さを見せる」という意味合いも含まれており、トランプ用語としても使われるようになった。

ゴルフ界のグランドスラムは、男子は全英オープン・全米オープン・マスターズ・全米プロゴルフ選手権、女子は全英女子オープン・全米女子オープン・ANAインスピレーション・全米女子プロゴルフ選手権・エビアン選手権を制することである。

一年のうちで右記の大会すべてに優勝した選手はまだいないが、生涯で四大大会を制した選手は一一人いる。男子ではジーン・サラゼン、ベン・ホーガン、ゲーリー・プレーヤー、ジャック・ニクラウス、タイガー・ウッズが、女子ではルイーズ・サッグス、ミッキー・ライト、パット・ブラッドリー、ジュリ・インクスター、カリー・ウェブ、アニカ・ソレンスタムがいる。

なお、タイガー・ウッズは二〇〇〇年の全米オープンから翌年のマスターズまで制したが、年を跨《また》いで四大大会を制していることから、これをグランドスラムと認定するかどうか議論が起こり、結局認定されなかった。

ただし、その栄誉を讃《たた》えて、いまでは「タイガー・スラム」と呼ばれている。

テニス界では、全英オープン（ウィンブルドン）・全仏オープン・全米オープン・全豪オープンの四大大会を指す。なお、野球界でも、満塁ホームランを打つことをグランドスラムと称している。

吉川英治の「英治」は、実は間違い？

『宮本武蔵《みやもとむさし》』や『太閤記《たいこうき》』、『新《しん》・平家物語《へいけものがたり》』など、およそ八〇の長編と一八〇の短編を書き上げた国民的作家・吉川英治《よしかわえいじ》（一八九二〜一九六二）。

本名は英次といい、「吉川英治」はペンネームなのだが、「次」が「治」になったのは、誤植が原因だった。

大正一一（一九二二）年、『東京毎夕新聞』に勤務していた吉川英治は会社からの命令により、『親鸞記《しんらんき》』という小説を紙面に連載。このときは無記名だったのだが、翌年単行本になる際、本の宣伝のための新聞広告で本名の「英次」が「英治」と誤植されてしまったのだ。

それで、彼はどうしたかというと、こちらの方がすわりがよいということで、そのまま「英治」をペンネームにしてしまったのである。

だが、この後、吉川はこの「ペンネーム」をすぐに使ったわけではなく、別のペンネームを用いていた。

吉川英治記念館の片岡元雄氏によれば、大正一三（一九二四）年だけで一七のペンネームを使用していたという。

吉川白浪・雪屋紺之介・望月十三七・橘八郎・柳鷺一・不語仙亭・吉川亮平・玉虫裏葉・杉田玄八・中條仙太郎・杉村亭々・朝山季四・寺島語堂・大貫一郎・木戸鬢風・吉川英路・来栖凡平。以上が、数々のペンネームだ。

そして、大正一四（一九二五）年、講談社が社運を賭けて創刊した雑誌『キング』に吉川は『剣難女難《けんなんじょなん》』という作品を連載。このとき、担当の編集者から、本格的に長編作品に挑むには匿名ではなく本名を名乗るべきだと忠告され、これに対してあえて名乗ったのが「吉川英治」だったのである（片岡氏によれば、このときに誤植が生じたという説もあり、現在ではこちらが有力という）。

さらにそれ以後も、売れっ子作家だった吉川は、一度に同じ雑誌に連載を持つことになってしまったときは、「吉川英治」以外のペンネーム（浜帆一）を用いて活動を続けることもあった。

9章

なぜ？ どうして？

子どもに教えたい雑学

なぜ「こんにちわ」ではなく、「こんにちは」なのか？

日本語のあいさつでよく使われるのが、「こんにちは」である。

だが、この「こんにちは」という言葉。

大人でも、メールや手紙で書く際には「こんにちは」なのか「こんにちわ」なのか、迷ってしまうのではないだろうか。

そもそも、なぜ「こんにちわ」ではなく、「こんにちは」なのだろうか？

「こんにちは」の語源に関してはいくつか説があるが、そのうちの一つとして、「こんにちは」は「今日は、ご機嫌はいかがでしょうか？」などという場合の「今日は」が独立してあいさつの言葉となったとする説がある。

つまり、「こんにちは」のあとには、それに続く言葉があり、それが省略されたものということである。

この語源を頭に入れておくと、「こんにちわ」と書き間違えることも減るのではないだろうか。

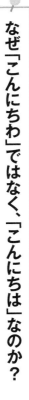

なお、「おはようございます」の「おはよう」の語源も、「お早く○○していますね」という言葉などで用いられる「お早く」が独立したものとされている。

富士山の山頂は、いったい誰のもの？

静岡と山梨の両県にまたがっている富士山。

ユネスコの世界遺産には、「富士山　信仰の対象と芸術の源泉」という名称で登録されている。

日本において古くから厚く崇拝《すうはい》され、また、芸術のモチーフとなってきたことが世界遺産の登録に値するものとして評価されたのだ。

富士山がある場所から考えると、富士山は「静岡と山梨の管轄下にある」ということができそうだが、本当のことをいうと、富士山の八合《ごう》九勺《しゃく》（三三六〇メートル）から上は「私有地」である。

実は、頂上は富士山本宮浅間大社《ほんぐうせんげんたいしゃ》の「持ち物」なのだ。

これは、いわゆる富士山の山頂の所有権問題から出てきたもので、昭和二三（一九四八）年、富士山を信仰の対象とする浅間大社が、徳川家康《とくがわいえやす》が山頂の本宮支配を認めたことを示す古文書などをその証拠として、国に対し、無償譲渡《むしょうじょうと》を申請したことにはじまる。

それによって、昭和四九（一九七四）年、最高裁が一部国有地を除く八合目以上を浅間大社の所有地と認定したのだが、県境を確定できないことなどが原因となって登記《とうき》が進まずにいた。

事態が動いたのはそれから三〇年後の平成一六（二〇〇四）年のことで、県境問題よりも登記が優先するということで調整がなされ、一部の国有地を除く大半を浅間大社の私有地とする国の譲与処分書が交わされたのだった。

このことにより、法的には「富士山の山頂は浅間大社のもの」となったのである。

しかし、県境の確定作業が進んでいないことなどから、登記はいまだに進んでいない。

日本の象徴である富士山の山頂を「所有物」にするのは、やはり困難なことなのである。

お札の原料にはいったい何がつかわれている？

「オニシバリ」というとても変わった名前を持つ植物がある。

これは、ジンチョウゲ科ジンチョウゲ属の落葉性の低木で、早々と夏に葉を落として休眠するところから「ナツボウズ」の別名もある。

オニシバリという名前の由来は、その強靭《きょうじん》な樹皮にあり、「鬼でも縛《しば》られたら千切《ちぎ》ることができない」という意味合いからつけられたと伝わる。

そして、このオニシバリと同じくジンチョウゲ科に属する、いわばファミリーとも呼べるような植物が、実はお札《さつ》の主な原料になっている。

それが、「ミツマタ」という植物だ。

ミツマタは古くから和紙の原料として使用されてきた植物で、はじめてお札用紙の原料として採用されたのは明治一二（一八七九）年のこと。以来、現在まで用いられ続けている。なお、お札の原料にはミツマタのほか、アバカ（マニラ麻）も用いられている。

お札（正式名称は日本銀行券）は、長い間、多くの人の手に触《さわ》られ続け、折り畳まれ、機械に入れられ、水にも濡れることになる。つまり、お札には強い耐久性が求められるのだ。

また、お札は簡単に偽造されてはならない。そのため、触ったときの感触がとても重要で、これらのことから考えてミツマタが主な原料として用いられているようである。

「味わわせる」「味あわせる」正しいのはどっち？

「こんなに美味しい料理があるのか。あの人にも味あわせてあげたいな」

さて、この言い方のどこかに間違いはあるだろうか？

実は、「味あわせて」という部分が誤りだ。

「味わう」という言葉はワ行五段活用の動詞で、「味わワ（ない）」（未然形）、「味わイ（ます）」（連用形）、「味わウ」（終止形）、「味わウ（とき）」（連体形）、「味わエ（ば）」（仮定形）、「味わエ（命令して言い切る）」（命令形）と変化する。

これより考えると、変化しない「語幹」と呼ばれるものは「味わ」であることがわかる。したがって、文法的には、「～せる」という言葉が下につくときも「味あわせる」とはならず、「味わわせる」とするべきなのだ。

先述のワ行五段活用にしたがえば、「味あわない」「味あいます」「味あう」「味あうとき」「味あえば」「味あえ」となるが、このような言葉を使わないことからも、「味あう」という言葉が存在しないことが理解できるだろう。

ところが、人には「わわ」という同音の連続を避けたいという気持ちが働くため、「味あわせる」という言葉が用いられることにもなったと考えられている。

フグがプクっと膨らませているのは頬ではなく、胃？

冬の「味覚の王者」といえば、フグである。

フグ刺しのコリコリとした食感と甘み、フグ鍋のジワっとくる旨味《うまみ》など、誰もが魅了される食材であることは間違いない。

フグ刺しは「テッサ」とも呼ばれるが、これはフグのことを「テッポウ」と呼ぶことから、「テッポウ刺し」を略して「テッサ」という。フグをテッポウというのは、毒に「あたると死ぬ」ことが由来とか。

そして、フグといえば、体をプクっと膨らませるのが特徴の一つだが、フグはどこを膨らませて丸々とした容姿になるのだろうか？

答えは、頬《ほお》ではなく、胃である。

フグが体を大きくさせるのは捕食されないように相手を威嚇《いかく》するときであるが、フグはヒレが大きくないため、速く泳ぐことができない。また、膨らむことによって相手に自分を丸呑みされないようにするための工夫ともいわれる。

そんなときにフグは空気や水をたくさん吸い込んで胃に入れる。フグの胃には特殊な弁や膨張のうを持っており、ここに空気や水が入ることで体を膨らませているのだが、自分の体の四倍もの水を胃に入れることができるフグもいるそうだ。

フグは関西では「フク」と濁《にご》らずに称されることがあるが、この名前にしても、体を「フク（膨）らませる」ことからつけられたとする説もある。

なお、フグは漢字で「河豚」と書くが、古来より中国では河に棲《す》むフグのほうが人びとに身近で、また、フグを釣り上げたときに「ブーブー」と豚のように音を出すことから、河豚という漢字があてられるようになったと伝わる。

四月に入学するようになった驚きの理由とは？

日本では、入学するのは桜が咲く季節の四月というのが基本だが、なぜ入学は四月からなのだろうか？　なぜ一月ではダメなのだろうか？

現在では一般的になった四月の入学だが、実は昔から四月だったわけではない。江戸時代の寺子屋《てらこや》や藩校《はんこう》では随時入学することができたし、明治時代初期の高等教育では西洋にならい九月入学が主流であった。

ところが、明治半ばから、富国強兵《ふこくきょうへい》政策の影響などによって、さまざまな新年度が四月に設定されていく。

明治一九（一八八六）年には政府の会計年度が四月から三月となり、陸軍の入隊届出開始日も九月から四月に変更されたのである。

その後、明治二一（一八八八）年には師範《しはん》学校が四月入学となり、明治三三（一九〇〇）年になってついに小学校が四月入学となった。

では、なぜ新年度は四月なのだろうか？

これには、明治政府の税金の収入源が主に農家からだったことによるらしい。

つまり、農家が米を収穫するのは秋で、農家がそれを現金に換えて納税するには、一月では間に合わなかったのだ。

そのため、政府の会計年度が四月に設定されたのだという。

また、当時の日本が政策面において模範にしていた国の一つであるイギリスの会計年度が四月だったことも、理由の一つに挙げられるだろう。

ちなみに、世界に目を向けてみると、日本と同様に四月から会計年度がはじまるのはイギリス、カナダ、デンマーク、インドなどで、暦と同じく一月からはじまるのはドイツ、フランス、ロシア、中国、韓国などとなっている。

ちょっと変わったところでは、ノルウェー、スウェーデン、ギリシア、オーストラリアなどが七月、アメリカ、ミャンマー、ハイチなどが一〇月から会計年度がはじまっている。

新学期と米の収穫が深く関係していたとは、日本らしくて興味深いところである。

警視庁のマスコット・ピーポくん、実は七人家族だった？

いまではたくさんのマスコットキャラクターが生み出されているが、その先駆け的な存在の一つが、警視庁のマスコットキャラクター「ピーポくん」だろう。

ピーポくんは昭和六二（一九八七）年四月一七日に誕生したので、令和四（二〇二二）年で三五年を迎える。

ただし、ピーポくんは「永遠の子ども」という設定なので、生み出されてから三五年経っているものの、三五歳ではないという。

都民と警視庁の絆《きずな》を強くするため、「ピープル（人びと）」と「ポリス（警察）」の頭文字を取って名付けられたピーポくんだが、キャラクター設定も入念で、実は七人家族である。

ピーポくんの家族には、おじいさん、おばあさん、おとうさん、おかあさん、妹、弟がいるのだ。

ピーポくんが誕生したのは、当時の警視総監・鎌倉節氏が「警察を身近に感じてもらえるマスコットをつくってほしい」と部下に依頼したことがきっかけである。

そこで、当時同庁広報課長だった安藤隆春氏が広告代理店と協力し、若手の警察官の意見などを取り入れて検討を進めていった。

そして、四か月後に生まれたのがピーポくんで、試しに人通りの多いところにある交番に置いたところ、可愛いという反応が多く、以来、子どもをはじめ多くの人びとに愛される存在になったのである。

なお、ピーポくんのデザインは、警視庁の説明によると、さまざまな動物の可愛らしい部分をイメージ化してつくられている。

耳が大きいのは都民の声を幅広く聞くためのもので、頭の上に立つアンテナは社会全体の動きを素早くキャッチするためのもの、目は社会の隅々まで見渡すためのものであるそうだ。

ピーポくんはこれからも、街角で人びとの安全を祈っている。

なぜ、箱型のパンを「食パン」というのか？

毎朝の食卓に欠かせないのが、「食パン」である。巷《ちまた》では、一斤《きん》の値段が千円を超える食パンが飛ぶように売れたりと、高級食パンのブームも根強く続いている。

そんな、わたしたちに身近な食パンだが、なぜあの箱型をしたパンの名前が「食パン」という不思議なものになったのだろうか？　よくよく考えてみると、謎である。

食パンの語源についてはさまざまある。

たとえば、おやつとして食べるパンと異なるという意味の「主食用パン」が転じたとする説、美術のデッサンに用いられる消しゴム用のパンと区別するために「食用パン」と呼んだとする説、かつてのパン職人がイギリス系のパンのことを「本食《ほんしょく》パン」と呼んだとする説などが挙げられるが、「主食用パン」か「本食パン」が語源であるとする説が有力である。

『日本大百科全書（ニッポニカ）』（小学館）の食パンの項には、「本食のパンの略」とあり、第二次世界大戦前のパン職人は、食パンのことを「本食」と呼んでいたそうだ。

ただ、日本に食パンを伝えた人物は判明している。

その人物とは、イギリス人のロバート・クラークである。

文久《ぶんきゅう》二（一八六二）年、イギリスから横浜へ到着したクラークは、外国人居留《きょりゅう》地《ち》である横浜の山下町で「ヨコハマベーカリー」を創業した。

当時、同町にはヨコハマベーカリーのほかに、アメリカ人が経営する一軒とイタリア人が経営する二軒のパン販売店があったが、「お雇い外国人」としてイギリス人が多く来日したことや、日本政府がイギリス寄りの政策を取り入れたことによってクラークが経営する店が自ずと台頭したことなどにより、ヨコハマベーカリーは大繁盛。やがて、イギリス系の白パンが日本各地に根付いていったと考えられる。

なお、明治二一（一八八八）年にクラークが引退するのにともない、ヨコハマベーカリーを受け継いだのは、一四歳から同店で働いていた打木彦太郎《うちきひこたろう》で、その後彼は明治三二（一八九九）年に「ヨコハマベーカリー宇千喜商店」と屋号を改めて営業。同店は現在も「ウチキパン」という名前で元町で営業を続けている。

そもそも、なぜ桜は春に咲くのだろう？

この頃、桜が開花するのは三月下旬から四月初旬が多い。例年、満開の桜の下で催されるお花見を楽しみにしている方も少なくないであろう。

そもそも、桜はなぜ春になると一斉《いっせい》に咲くのだろうか？

実は、桜の木は、花が散ってから三か月後くらい、つまり、その年の夏には、次の年に咲く予定の花のもととなる「花芽《はなめ》」がつくられている。

だが、花芽はその後いったん眠ってしまい、気温が低い状態がしばらく続くと少し目を覚ますようになり、春が近づいて気温がますます上昇していくと一斉に咲くことになるのだ。

簡単に述べれば、桜が花を咲かせるには冬の寒さと春の暖かさが必要になるというわけ。

なお、桜の「開花」とは、数個以上の花だけが咲いている状態のことを指し、「満開」とは八〇％の花が咲いている状態のことを指している。お花見を楽しみにしている人は、「開花した」という言葉ではなく、「満開になった」という言葉をニュースで待っていよう。

ちなみに、毎年三月初旬に桜の開花予想とともに知らされる「桜前線」とは、正式名称を「桜の開花予想日の等期日線図」といい、開花の日が同じであると予想される場所を日本地図の上で結んでつくられたものだ。

近年は地球の温暖化が叫ばれて久しいが、一説によると、関東の桜の開花日はこの五〇年間で数日以上早くなっているという。

地球の温暖化については、その逆で「地球は寒冷化に向かっている」などともいわれることがあるが、桜の開花日の早まりから考えると、地球は温暖化傾向にあるといっても誤りではないだろう。

道路の案内標識、その驚きのサイズとは?

一般道路には、目的地や通過地の方向、距離などを示し、目標地までの経路を案内する「案内標識」が設置されている。

車を走らせていると自然に目に入ってくる案内標識だが、実際の大きさがどれくらいあるのかおわかりだろうか?

これが、何とも大きなサイズなのである。

たとえば、交差点の手前でよく目にする「予告案内標識」は縦二・四メートル、横二・八メートルで、「交差点案内標識」はそれよりも少し小さい縦二・二メートル、横二・八メートルとなっている。

これらの標識板は車を運転させながら下から見ているので、実際の大きさを実感しにくいが、一般的な大人の身長よりもはるかに高く、描かれている漢字の一文字あたりの大きさは、設定速度が時速四〇〜六〇キロの道路（片側二車線以上）の場合、三〇センチにもなる（交通量が多い場合は四〇センチ）。

そして、驚くことに、日本でもっとも大きな案内標識になると、標識板の大きさだけでなんと縦六・五メートル、横一一メートル、面積でいえば七一・五平方メートルにもなるというから驚きだ。

面積が七一・五平方メートルといえば、平均的なワンルームマンション（二〇平方メートル）の三部屋分の大きさにもなる。四人家族が住む平均的なマンションの広さと同じくらいの大きさの標識板が設置されていることになるのだ。

この巨大な標識板があるのは、ＮＥＸＣＯ東日本管区の東関東自動車道（上り線）、千葉北インターから四街道インターのあいだに設置されている宮野木《みやのぎ》ジャンクションのもので、ほぼ同様の大きさの標識板が東名高速道路（下り線）の豊田ジャンクションから約二キロ手前の場所にもある。

なお、案内標識は、「西日が眩《まぶ》しくて案内標識を見落とした」などといったトラブルを避けるため、文字や図柄に太陽光を透過させる工夫がなされており、ドライバーの視認性が確保されている。

メダカは「メダカ目」の分類ではなくなっていた？

全長三・五センチほどの小型淡水魚で、童謡にも歌われている「メダカ」。

メダカは、かつては小川や水路などに広く分布し、日本人にとっては身近な魚であったが、現在では環境省のレッドリストで絶滅危惧Ⅱ類に分類されている絶滅危惧種だ。

さて、このメダカ。

かつてはグッピーと同じ分類群（現在のカダヤシ目）に分類されていたが、昭和五六（一九八一）年、トビウオ科やサヨリ科、サンマ科と同じダツ目に移動させられていたことをご存じだろうか。

かつては「メダカ目」という分類のされ方であったのに、なぜメダカはダツ目に移されたのだろうか？

それは、グッピーやカダヤシ（二〇世紀はじめにボウフラ退治のため各地へ放流された、アメリカ南東部原産の魚）がメダカの一種とされ、メダカ目としてまとまっていたのだが、グッピーやカダヤシがメダカと類縁関係になく、いわば「他人の空似」であることが判明したためだ。

そして、メダカはトビウオやサヨリ、サンマと類縁関係にあることがその後の研究結果によって判明し、メダカは「ダツ目メダカ科」の生物となったのである。

ちなみに、メダカとカダヤシの違いだが、メダカに側線がないのにカダヤシにはあり、胸ビレの位置も異なる（メダカはやや高く、カダヤシは低い）。

神社の狛犬は「犬」？　それとも「獅子」？

神社の参道《さんどう》の両脇には、「狛犬《こまいぬ》」と呼ばれる置物が据《す》えられている。

狛犬は魔除《まよ》けや神前《しんぜん》を守護《しゅご》するために置かれているもので、「高麗犬」「胡麻犬」

とも書かれることがある。

狛犬という名前の由来は、ふつう、高麗《こうらい》（朝鮮）から日本に伝わったことから「高麗犬」と呼ばれるようになったといわれているが、狛犬は「犬」なのだろうか？それとも「獅子《しし》」なのだろうか？

ごく簡単に述べれば、犬でもないし獅子でもない。狛犬という「獣」なのだ。

日本に「高麗犬」が伝わったとき、その異形な姿は犬と考えられたが、日本犬とは違っているので、「異国の犬」すなわち「高麗犬」と考えられたようである。

だが、その起源は古く、インドやペルシャ、または、はるか遠くのエジプトのスフィンクスとの関連を指摘する説も見られる。

さて、狛犬は神社の参道の両脇に置かれ、神社を守る門番のような役目を担っているが、実は、伝来した当初は、室内の調度品である几帳《きちょう》の動揺を止めるための鎮子《ちんし》（重し）として用いられていた。

神社に狛犬が置かれるようになったのは、平安時代の末期頃とされている。はじめは神社の本殿の両脇に建てられていたが、のちに鳥居《とりい》の周りや参道に移動していった。

狛犬の材質には石が多く使われているが、木製や金属製、陶製のものもある。

そして、狛犬の特徴といえば、左右一対で置かれていることであろう。向かって右側に口を開けた阿形《あぎょう》、左側に口を結んだ吽形《うんぎょう》を配するが、これらは寺院の入り口に睨《にら》みをきかせて立つ仁王《におう》像との一致を見ることができる。

神社によっては、祭神《さいじん》の使わしめ（使い）を狛犬の代りに置いてある場合も見られる。たとえば、稲荷《いなり》神社では狐《きつね》が狛犬の代わりとなっており、また、埼玉県秩父《ちちぶ》郡の多くの神社では、狼《おおかみ》が狛犬の代わりに据え置かれているといった具合だ。

ちなみに、岩手県遠野《とおの》市の常堅寺《じょうけんじ》にはカッパ型の狛犬もあるなど、全国にはさまざまな狛犬が見られる。

神社やお寺に行ったら、ぜひ狛犬を探して見てみよう。

消防車が赤い色でなくてはいけないワケとは？

そもそも、消防自動車がなぜ赤い色をしているのか、ご存じだろうか？

消防自動車は皆さんが子どもの頃から見慣れた存在であるし、その色について考えたことなどなかったのではないだろうか。

実は、消防自動車の色は「道路運送車両の保安基準」という運輸省令（昭和二六年七月二八日第六七号）によって定められているため、赤い色をしている。

第四九条第二項には、「緊急自動車の車体の塗色は、消防自動車にあっては朱色とし、その他の緊急自動車にあっては白色とする」とあるので、消防自動車の色は正確には赤ではなく「朱色」といえる（以下も、便宜上《べんぎじょう》、赤と説明する）。

ただし、法律で定められているとはいえ、なぜ赤い色が車体に採用されたのかというと、その本当の理由は明らかになっていない。

東京消防庁の説明によると、外国から輸入した蒸気ポンプや消防車の色が赤であったことから、日本でも赤い色が採用されたとするのが一般的な理由のようで、それに加えて、赤は人の注意を引く色であることから、炎の赤を連想させ、警火心を促《うなが》すということもあるのではないかとしている。

一方、外国の消防自動車の色を見てみると、フランス、イギリス、スイス、オーストリアなどでは日本と同じ赤い色が採用されているが、ドイツでは赤または紫、アメリカでは消防局によって色が異なり、赤のほか、白、黄、青、黒なども使用されているそうだ。

なぜ太平洋は「太」で、大西洋は「大」の字なのか？

地球には、「三大洋」と呼ばれる大きな海がある。

広さが大きな順番でいうと、太平洋、大西洋、インド洋となる。

太平洋は日本とアメリカのあいだにあり、大西洋はヨーロッパの西、インド洋はインドの南にある。もっとも大きい太平洋の面積は、地球上のすべての陸地を合わせた面積よりも広いというから驚きだ。

さて、このうちの太平洋と大西洋だが、なぜ太平洋には「太」の字が使われ、大西洋には「大」の字が用いられているのだろうか？　同じ「たい」という読みなのに、なぜ漢字が違うのだろうか？

その謎は、名称の由来をひもとけばわかる。

まず、太平洋だが、この呼び名の由来はポルトガルの航海者・マゼランにある。

一五一九年九月、司令船「トリニダード号」に乗り、その他の四隻《せき》の船隊（九か国、二六五人の人びとから成る）とともにスペイン南部の港を出たマゼランは、南アメリカ沿岸を南下し、一五二〇年一一月、太平洋に出た。この海に出るまでは過酷な航海であったが、太平洋に出たとたん、海は穏やかになった。

そこで、この海にはラテン語で「太平」「平穏」を意味する「Mar」という言葉がつけられた。その言葉がのちに中国で「太平洋」と訳され、日本にも伝えられたようである。

一方、大西洋の場合はどうであろうか。

古い中国の言葉で西側諸国のことを「泰西」といい、そこから「泰西洋」と名付けられたが、泰という字には「大きい」という意味もあったことから、泰の字がいつしか大となり、「大西洋」という言葉として日本に伝わったといわれる。

一説によると、当時「明《みん》」と呼ばれていた中国へやってきたイタリア人の宣教師マテオ・リッチが発行した世界地図である『坤輿万国全図《こんよばんこくぜんず》』に「大西洋」の名が見えるという。

ただし、この太平洋と大西洋の漢字表記の由来については諸説あるので、ここではそのうちの一説を取り上げていることをお断りしておく。

なお、マゼランが太平洋に船を進めた日である一一月二八日は「太平洋記念日」と呼ばれ、また、日本で親しまれている「マゼラン海峡」という地名は、現地ではマゼランのスペイン語表記名である「マガリャネス」から取って「マガリャネス海峡」と呼ばれるほうが一般的だという。

キャンベラが首都になったのはシドニーとメルボルンの喧嘩が原因？

イギリス連邦の構成国の一つで、オーストラリア大陸やタスマニア島などから成る国、オーストラリア。国名はラテン語で「南方の大陸」を意味する「テラ・アウストラリス」が語源である。

さて、皆さんはオーストラリアの首都名がおわかりだろうか？

シドニー？　メルボルン？　いや、どちらも違う。

正解は、キャンベラだ。

なぜ、キャンベラがオーストラリアの首都になったのかというと、旧首都であるメルボルンとシドニーとのあいだで首都誘致に関して争いが起こったため、両市のほぼ中間地点に建設されたためだ。

世界地図を見ると、キャンベラの位置は確かにメルボルンとシドニーの中間に位置していることがわかる（少しシドニー寄りではあるが）。

建設されはじめたのは一九一三年からで、一九二七年に臨時の首都であるメルボルンから遷都し、正式に連邦首都となった（同年に国会議事堂の完成をもって首都とみなされた）。

だが、建設途中に二度の世界大戦が起こり、大恐慌を経験したことなどによって建設は大幅に遅れ、急速に建設が進んだのは第二次世界大戦後のことだった。

一九五八年以降、人造湖が完成し、六〇年代にはメルボルンより連邦政府機能の大部分が移転され、ようやく本当の首都としての働きが見られるようになった。

なお、キャンベラのように、一般的に誤解しやすい国の首都というのはまだまだたくさんある。

カナダの首都はバンクーバーやトロントではなく「オタワ」、スイスの首都はチューリッヒやジュネーヴではなく「ベルン」、トルコの首都はイスタンブールではなく「アンカラ」、ブラジルの首都はサンパウロやリオデジャネイロではなく「ブラジリア」、アラブ首長国連邦の首都はドバイではなく「アブダビ」である。

なぜ犯人を「ホシ」と呼び、刑事を「デカ」と呼ぶのか？

警察もののテレビドラマなどでよく使われる「ホシ」。

警察用語でホシとは「犯人」のことを指しているが、そもそもなぜそのように呼ばれるのだろうか？

語源は諸説あるようだが、一般的には「目星《めぼし》」の略として「ホシ」と呼ばれるようになったとされる。

現場に遺された遺留品や聞き込み調査などによって「彼（彼女）が犯人だ！」と目星をつけられた人物が「ホシ」と呼ばれるということのようだ。

ホシが逮捕されるとき、たいていは観念して刑事に従うだろうが、なかには往生際《おうじょうぎわ》が悪く、逃げようとして激しく抵抗するホシもいる。

このときの状態を、警察用語では「躍《おど》る」というらしい。身柄を拘束されてもなおバタついているホシが「躍っているように」見えたことからの命名だという。

内偵捜査によってホシと断定し、いざ逮捕しようとしているときにホシが逃げることを「風を食《く》らう」という。

一方、「刑事」という言葉の当て字が「デカ」である理由についても記しておきたい。

デカとは、明治時代に生まれた言葉とされる。

当時はまだ和服が主流であり、洋服は高かった。そこで、洋服を持たない刑事は「角袖《かくそで》」という、和服の、角形に仕立てた袖を持つ外套《がいとう》を着ていた。このことから、明治時代の人びとは刑事のことを「角袖巡査」と呼ぶようになったという。

そして、角袖巡査の「カクソデ」がいつの頃からか逆さ読みの「デソクカ」となり、最初と最後の文字を取って「デカ」となったようだ。

なお、この説には異説もある。

「カクソデ」の最初と最後の文字を取って「カデ」と呼び慣わされるようになって以降、その言葉を逆にして「デカ」となったとする説もある。いずれにせよ、「角袖」がデカの語源になったことは確かなようだ。

電車の運転席がカーテンで隠される理由とは？

鉄道ファンのみならず、子どもから大人まで、電車の運転席付近から電車が走る様子を眺めたいという欲求を持つ人は少なくないだろう。

運転席の後ろは大きなガラス窓になっていることが多く、まるで自分が電車を運転しているような感覚を味わうこともできて、電車に乗るときは必ず先頭車両に陣取るという人もいる。

なお、『詳解　鉄道用語辞典』（高橋政士編・山海堂）によると、電車の先頭車両に乗って前方の景色を眺めることを「かぶりつき」と呼び、張り付いているその姿から「ヤモリ」ともいう。

また、列車の最後尾で「かぶりつき」をすることを「逆かぶりつき」と呼んでいる。

ところが、夜間に走行する電車や地下鉄の場合、運転席の後ろの窓ガラスは遮光《しゃこう》カーテンが下ろされ、残念ながらわずかばかりの窓ガラスから前方を覗くことしかできないことがある。

これはいったいどういうことなのだろうか？

夜、自動車を運転するときに室内灯をつけたまま走行していると、フロントガラスにその明かりが映り込んで外が見えにくくなるのと同じで、夜間に走行する電車や地下鉄の運転席で遮光カーテンが降りていないと、フロントガラスに客室の様子が映ってしまい、運転がとてもしにくい。

そのため、運転席の後ろに遮光カーテンが下ろされていることがあるのだ。

ただし、車両によっては「かぶりつき」が好きな乗客のためを思って設計されたものもある。

たとえば、小田急電鉄と東京メトロを直通するロマンスカー「ＭＳＥ」（６００００形）は特急によく見られるシャープな流線形に、フェルメール・ブルーで塗装された平成二〇（二〇〇八）年三月に就役した車両だが、このＭＳＥは、基本的に遮光カーテンを閉めずに運転している。

というのも、ＭＳＥは前面が大きく斜めになっていることから、フロントガラスへの映り込みが起こらないのだ。

このことにより、ＭＳＥの「かぶりつき」に陣取れば、上り方面の場合、代々木上原駅から地下空間に入る様子を臨場感たっぷりに眺めることができ、先頭車両の一番前の席を希望するファンも少なくないという。

歴史上はじめて「僕」といったのは、吉田松陰？

ふつう、主に男性は自分のことを指して「僕《ぼく》」というが、では、いちばんはじめに僕という言葉を使ったのはいったい誰なのだろうか？

実は、歴史上、もっとも早く自分のことを僕と呼んだのは、幕末の志士・吉田《よしだ》松陰《しょういん》であるとする説がある。

松下村塾《しょうかそんじゅく》を開き、高杉晋作《たかすぎしんさく》、伊藤博文《いとうひろぶみ》、山縣有朋《やまがたありとも》らを育てた松陰は、長州藩《ちょうしゅう》内のみならず、他藩の多くの同志と書簡を通じて意見を交わしていたが、実はそのなかで自分のことを指して「僕」と書いていることが少なくない。

たとえば、松陰が死を迎える安政《あんせい》六（一八五九）年の手紙には、このようにある。

手紙の受取人は、高杉晋作だ。

「僕は君に負《そむ》き父に負くの人」

これは、嘉永《かえい》七（一八五四）年、ペリー艦隊に密航を企《くわだ》てるものの失敗し、獄《ごく》に繋《つな》がれた自分は、君（＝晋作）や父に負いた者である、という意味合いになるようだ。

ただし、松陰がはじめて僕という言葉を使ったというのは、現代的な意味における僕という呼び名の使い方においてのことであって、僕という言葉自体は古代から男子のへりくだった表現方法として用いられていたという。

古くは「やつかれ」「やつがれ」などと読まれることが一般的であった。

明治時代、男性の書生《しょせい》や学生は自分のことを僕と呼び、それが現代にまで受け継がれているのであるが、その由来が松陰にあるということのようである。

紅葉を見物することをなぜ「狩る」というのか？

一〇月になっていよいよ肌寒くなってきた頃、皆が楽しみにしているのが「紅葉《こうよう》見物」であろう。

紅葉見物のことを俗に「紅葉狩《もみじが》り」というが、鳥獣を捕えるという意味で用いられる「狩り」という言葉が紅葉にも使われているのはなぜなのだろうか？

狩猟を意味する「狩り」という言葉には、自然のなかで季節の花や植物を愛《め》で、美しさを観賞するという意味も含まれる。それゆえ、「紅葉狩り」という言葉が生まれたようである。

能《のう》の世界には「紅葉狩」という演目がある。

鬼女・紅葉の伝説あるいは『太平記《たいへいき》』の一節に題材を取ったとされる演目で、季節は秋、舞台は戸隠山《とがくしやま》である。題名とは異なって、紅葉狩りを楽しんでいた女（＝戸隠山に棲《す》む鬼）を平維茂《たいらのこれもち》が退治するという話なのだが、紅葉狩りという言葉が日本に古くから根付いていた証拠ともいえる。

面白いのは「狩り」とつけられた同類の言葉で、「潮干《しおひ》狩り」や「きのこ狩り」「ブドウ狩り」「イチゴ狩り」は聞いたことがあるだろうが、「蛍《ほたる》狩り」や「桜狩り」といった風情《ふぜい》ある言葉も日本語には存在している。蛍狩りには、「蛍を追い捕える」という意味ももちろん含まれているが、いまでは眺めることに重点が置かれている言葉といえよう。

ちなみに、「狩り」とつくもので珍しいケースでは、「ドラゴンフルーツ狩り」「ラ・フランス狩り」「アセロラ狩り」なんてものもある。アセロラ狩りは沖縄で五月から九月末までできるそうだ。

コロンブスはどうやって無事にスペインへ戻ることができたのか?

イタリアの航海者で、「新大陸」の発見者クリストファー・コロンブス。一四九二年、スペイン女王・イサベルの援助を受けてアジアをめざし、大西洋を横断、サンサルバドル島へ至った。

その後、三度もの航海によって中央アメリカ沿岸の地理を明らかにするが、同地をインドの一部と信じたままこの世を去っている。

さて、現在では世界の大洋を航海することは日常行なわれていることだが、コロンブスの生きた近世は航海技術もまさに「人頼み」だ。

なぜ、コロンブスは無事に故郷のヨーロッパへ戻ることができたのだろうか?

コロンブスが航海を何度も成功させた要因は、「風」にある。

地上を吹く風は、大きく分けると、年間を通してほぼ同じ方向へ吹いている「恒《こう》常《じょう》風《ふう》」と、夏と冬とで風向きが変化する「季節風」の二つがある。後者は英語で「モンスーン」と呼ばれているので、耳にしたことがある方もいるだろう。

そして、コロンブスが航海で用いたのが恒常風の「貿易風《ぼうえきふう》」と「偏西風《へんせいふう》」であった。

彼が出港地としたパロス港（パロス・デ・ラ・フロンテラ）はスペイン南部にあるが、同国が位置する北緯四〇度付近では常に西風が吹いている。これでは船を西へ進ませることは困難を極める。

そこでコロンブスは、アフリカ大陸の西に位置するカナリア諸島までいったん南下し、そこから東風を背にして西へ向かったのである。この東風が現在、貿易風と呼ばれるものである。

貿易風という名前は、英語の「trade wind」の訳であるが、「trade」のそもその意味は「通り道」で、「ほぼ一定の方向から吹く風」の意味でそのように呼ばれたとされている。

さて、コロンブスの帰り道だが、今度は西風を利用すればスペインに戻ることができる。新大陸を出航した彼らは、北緯四〇度付近まで上がり、西風を使って無事にスペインへ戻ってきたのである。この、コロンブスが帰り道に利用した風が「偏西風」であった。

ちなみに、貿易風と偏西風のあいだには、無風地帯と呼べるほど風が吹かない場所がある。当時の航海者たちがもっとも恐れたことの一つが、この無風地帯に迷い込み、船が動けなくなることであったと伝わる。

お寺の地図記号は、なぜ「卍（まんじ）」なの？

地図上である対象物を表現するために、あらかじめ定められたルールにもとづいて表した記号を「地図記号」と呼ぶ。

国土地理院の地図記号一覧（平成一四年図式）には、「文」をモチーフにした小中学校や高等学校、〒マークを〇で囲んだ郵便局、鳥居をモチーフにした神社、大英博物館を模したような博物館などの地図記号が並んでいるが、寺院を表すものは「卍《まんじ》」である。

そもそも、なぜ寺院の地図記号が「卍」なのだろうか？

「卍」の歴史は古く、なんといまから約一万年前のインドにおいてすでに卍の模様が生まれていたとする説がある。

「卍」はサンスクリット語（梵語《ぼんご》）で「スヴァスティカ」といい、吉祥《きっしょう》の印として古くからヒンドゥー教徒に親しまれていた。それが仏教にも取り入れられて、寺院の建物などに刻まれてきたようだ。

「卍」の形は、ヒンドゥー教では、宇宙の維持発展を司《つかさど》るヴィシュヌ神の胸の旋毛《せんもう》（渦巻状に生えている毛）が由来ともされ、仏教では、お釈迦《しゃか》様の胸に現れた瑞相《ずいしょう》（吉祥）が由来ともいわれている。確かにそういわれてみれば、毛が渦を巻いていると捉《とら》えることもできよう。

このように、古くから親しまれてきた「卍」は、「明治一三年式」と呼ばれる、日本初の洋式図式に「佛閣《ぶっかく》」として記載され、やがて寺院を指す記号となったのだという。

平成二八（二〇一六）年三月、国土地理院は、訪日外国人向けの地図に用いられる一五種類の地図記号を決定・発表した。

その過程において、寺院を示す地図記号である「卍」はナチス・ドイツを想起させるもの（ナチス・ドイツの党章であるハーケンクロイツは卍を反転させたもの）として、デザインの変更を検討していたが、寺院の地図記号として長い歴史を持つことや、卍の代わりに採用されようとしていた地図記号の三重塔は神社にもあるため混乱する、などの意見があり、今回は見送られることになった。

当面は、「卍」とともに「Temple」と書き添えることで、外国人の理解を得ていく方針だという。

「めくじら」「ひかがみ」って、体のどの部分？

「めくじら」「ひかがみ」「ほぞ」「ぼんのくぼ」「たなごころ」「こむら」。

さて、右記のこれらの言葉の意味がおわかりだろうか？

実は、これらの言葉はすべて体の一部分を指すもので、順に、「目尻」「膝《ひざ》の裏のくぼみ」「へそ」「首（後頭部）の後ろのくぼみ」「手のひら」「ふくらはぎ」を指す。

なお、漢字で書くと、順に、「目くじら」「膕」「臍」「盆の窪」「掌」「腓」となる。

たとえば、「めくじら」の語源だが、目尻のことを「目くじり」といったのがいつしか「めくじら」に転じたとする説があり、「ひかがみ」は「ひきかがみ」が転じて発生した言葉とする説がある。

「ほぞ」は古くは「ほそ」といい、物の中央や中心の意味があり、「盆の窪」は丸坊主の頭で目立つくぼみの意味から「坊の窪」が転じたとする説が有力とか。「たなごころ」は、「た」は「て（手）」、「な」は「〜の」、「こころ」は「中心」を意味し、「手の中心」を指すことになったとする説があり、「こむら」は「こぶら」が転じたものという説がある（こぶらは、「瘤」に接尾語の「ら」がついたともいう）。

これらの由来には他にもさまざまな説があるので、定説とはいえないが、本来の呼び名が徐々に変わっていき、その言葉に合う漢字が当て字としてあてられて異なる言葉になっていったと推測することができる。

グルジアがいつの間にか「ジョージア」になった理由は？

カフカス山脈の南、黒海の東岸に位置する国が「ジョージア」である。

「何だって？　そんな名前を持つ国なんて知らないよ！」と思う人もいるかもしれないが、実は以前に「グルジア」という名前で呼ばれていた国のこと。

国連に加盟している諸外国では、もともと英語に由来する「ジョージア」という名前で呼ばれていたが、日本や韓国、中国、旧ソ連の国々ではロシア語に由来する

「グルジア」という名称で通っていた。それが日本でも、平成二七（二〇一五）年四月二二日以降、グルジアからジョージアへと変更されたのだった。

外務省によると、国名を変更するには三つの条件があり、「相手国との関係」「他の国や都市の名前と混同しないかどうか」「世間への浸透具合」が、国名を変えるときの判断基準になるという。

ジョージアの場合、アメリカのジョージア州と同じ名前ではあるが、黒海沿岸の国とアメリカのいち州では、文脈から判断すれば混同する恐れがないということで、日本でジョージアという国名を用いてもよいという判断になったのだろう。

また、日本での呼称がジョージアになった理由として、旧グルジア政府が日本政府に「ジョージアに変更してほしい」と熱心にはたらきかけていたことも大きい。

これは、旧グルジア政府とロシア政府が政治上よい関係性を築いていないことによるものであると推測できる。

二〇〇八年八月、旧グルジアとロシアとのあいだで南オセチア紛争が勃発《ぼっぱつ》。ロシアのメドベージェフ大統領（当時）は、旧グルジアの一部であった南オセチアとアブハジアの独立を承認し、これに対して旧グルジアがＣＩＳ（独立国家共同体）を脱退するという事態となった。

旧グルジア政府が「ロシア語由来の呼び名を変更してほしい」という意図で諸外国にアプローチしてもおかしくはないだろう。つまり、日本でグルジアという国名からジョージアとなった背景には、政治的な問題が絡んでいるということだ。

ちなみに、現地のジョージア語での呼称はジョージアではなく、実は「サカルトベロ」という（現地語ではない言語で呼ばれている国名を「外名《がいめい》（エクソニム）」という。日本の場合、「Japan」は外名、「にほん」「にっぽん」は内名《ないめい》ということになる）。

東海道新幹線の車両はなぜ一六両になっている？

日本の技術の粋を集めてできたといっても過言ではないのが、新幹線である。東海道新幹線が東京～新大阪間で開業したのは、昭和三九（一九六四）年一〇月一日のこと。

当時のダイヤは、「ひかり」と「こだま」が一時間に一本ずつで、最高速度は時速二一〇キロ。東京～新大阪間の所要時間は「ひかり」が四時間、「こだま」が五時間であった。現在、「のぞみ一号」の同区間の所要時間が二時間二二分であることから考えると、隔世の感があるが、それでも当時は間違いなく「夢の超特急」と呼ぶにふさわしい存在であった。

東海道新幹線では、昭和四四（一九六九）年一二月八日から、一六両編成の列車が走りはじめたが、東海道新幹線の車両はなぜ一六両と決まっているのだろうか？

実は、東海道新幹線の車両が一六両に固定されたきっかけは、昭和四五（一九七〇）年に開催された大阪万博にある。

万博がはじまる前に予想された来場者は約五〇〇〇万とされ、そのうち一、二割が新幹線を利用すると推測された。そのため、それまで一二両編成だった「ひかり」を一六両にしたのだという。

では、多くの来場者を輸送するため、二〇両や三〇両の編成にすればよいのではないかという考えもあるが、駅のホームの長さや、ブレーキの性能から考えた場合の重量制限などといった要因から、一六両が適当とされているようだ。

また、新幹線の一両あたりの長さは二五メートルあり、一六両編成では四〇〇メートルの長さがあることになるが、もしも一六編成の新幹線を端から端まで大人が歩いたとすると、約五分かかることになる（一分＝八〇メートルで換算）。万が一、自分が乗る車両を誤った場合であっても、四〇〇メートルならばギリギリ間に合うかもしれない。

そんな理由で、東海道新幹線の車両は一六両で編成されているようである。

なお、東海道新幹線においては、昭和四八（一九七三）年に「こだま」も一六両に編成されたが、運賃の値上げも影響して客足が鈍り、昭和六〇（一九八五）年までにもとの一二両編成に戻されている（その後、平成元〈一九八九〉年より「こだま」は一六両編成となっている）。

衆議院の「衆」は大衆の意、では参議院の「参」とは？

日本の国会を構成する議院には、「衆議院」と「参議院」の二つがある。

衆議院は議員の任期が四年で解散があり、参議院は議員の任期が六年で解散がない（三年ごとに半数を改選）など、両院には明らかな違いがあるのだが、その名称の由来について、ふと疑問に思うことがある。

衆議院の「衆」は大衆の意でよいとして、では、一方の参議院の「参」にはどんな意味があるのだろうか？

実は、参議院の名前の由来は「参議」にある。

参議とは、奈良時代からある官職名で、大納言と中納言に次ぐ要職であった。明治維新以降もその名は用いられ、木戸孝允《きどたかよし》、西郷隆盛《さいごうたかもり》、大久保利通《おおくぼとしみち》らが任ぜられて実権を握った。明治一八（一八八五）年、内閣制の実施により廃止となった。

戦後、ＧＨＱが貴族院（明治憲法により、衆議院とともに帝国議会を構成していた立法機関。議員には皇族や爵位《しゃくい》を持つ華族《かぞく》が一定の年齢で自動的に就《つ》いたり、華族間の互選で決まっていた）を民主化して名称も変更する方針を唱えたとき、仮称として「特議院《とくぎいん》」という名がつけられていたが、当時の憲法担当相であった松本烝治が「いまのような老人だけなら元老院《げんろういん》もいいが、参議院もあろう」と提案したことで「参議院」という名称が現れることになる。

「参」という漢字には「集まる」「交わる」という意味が含まれることから、その後憲法担当相に就いた金森徳次郎が「知恵を出し、議会のはたらきを補充するのに、こういう言葉がよいと考えた」と説明し、そのまま採用されたのだった。

主な参考文献

『太宰治・坂口安吾の世界　反逆のエチカ』齋藤愼爾編、『日本の苗字読み解き事典』丹羽基二（柏書房）／『仏教からはみだした日常語　語源探索』小林祥次郎（勉誠出版）／『数え方の辞典』飯田朝子著・町田健監修、『小学館の図鑑NEO［新版］魚』（小学館）／『義経伝説と日本人』森村宗冬（平凡社）／『金魚と日本人』鈴木克美（三一書房）／『外来語』楳垣実、『スポーツ語源クイズ55』田代靖尚、『水族館狂時代』奥村禎秀、『インドの歴史』近藤治、『新聞記事がわかる技術』北村肇、『満洲の歴史』小林英夫、『日本列島100万年史』山崎晴雄・久保純子、『風と雲のことば辞典』倉嶋厚監修、岡田憲治・原田稔・宇田川眞人執筆、『幕府外交と開国』加藤祐三（講談社）／『絶滅危惧の野鳥事典』川上洋一、『旅客機・空港の謎と不思議』谷川一巳、『近代事物起源事典』紀田順一郎（東京堂出版）／『話の大事典 第1巻』日置昌一（万里閣）／『ここまで知って大相撲通』根間弘海（グラフ社）／『鳥の雑学事典』山階鳥類研究所、『日本の地名・都市名 これだけ知っていれば面白い』今尾恵介（日本実業出版社）／『切腹の歴史』大隅三好（雄山閣出版）／『数え方の日本史』三保忠夫、『ここまで変わった日本史教科書』高橋英樹・三谷芳幸・村瀬信一（吉川弘文館）／『なぜ【バカ】は【馬鹿】なのか』高坂登（アスキーコミュニケーションズ）／『日本全国「県境」の謎』浅井建爾（実業之日本社）／『ジャンボ旅客機99の謎』エラワン・ウイパー（二見書房）／『祖父吉田茂の流儀』麻生太郎（PHP研究所）／『沖縄を深く知る事典』「沖縄を知る事典」編集委員会編（日外アソシエーツ）／『日本史こぼれ話 近世・近代』笠原一男・児玉幸多編、『詳細日本史（日本史B）』笹山晴生ほか（山川出版社）／『痛快！ケンチク雑学王』建築うんちく隊（彰国社）／『ブータンに魅せられて』今枝由郎、『八十日間世界一周』ジュール・ヴェルヌ、鈴木啓二訳（岩波書店）／『モノの履歴書』吉井敏晃（青弓社）／『豊臣秀頼』籔景三（新人物往来社）／『相撲百科』もりたなるお（文藝春秋）／『きのこ博物館』根田仁（八坂書房）／『アンモナイト学』国立科学博物館編（東海大学出版会）／『ザ・チャンピオン』白井義男（東京新聞出版局）／『日本おみくじ紀行』島武史（日本経済新聞社）／『はじめはじめ雑学事典』相沢正夫（毎日新聞社）／『政治家はなぜ「粛々」を好むのか　漢字の擬態語あれこれ』円満字二郎（新潮社）／『野球太郎 No.010』（廣済堂出版）／「週刊ポスト」（二〇一六年三月二五日・四月一日号）／「朝日新聞」／「毎日新聞」

（ホームページ）酒井商店／ふるさと産直村／西山製麺／JR東日本　ほか

※本書は、小社より刊行された『もう雑談のネタに困らない！大人の雑学大全』（２０１７年）をもとに、新たな情報を加えた上で再編集したものです。

青春文庫

1秒《びょう》で目《め》からウロコ
大人《おとな》の雑学《ざつがく》

2022年6月20日 第1刷

編　者　話題《わだい》の達人《たつじん》倶楽部《くらぶ》
発行者　小澤源太郎
責任編集　株式会社プライム涌光
発行所　株式会社青春出版社
〒162-0056 東京都新宿区若松町12-1
電話 03-3203-2850（編集部）
03-3207-1916（営業部）
振替番号 00190-7-98602
印刷／大日本印刷
製本／ナショナル製本
ISBN 978-4-413-29805-6